Ahmed Hasnaoui

Le génie de l'instrument - Les mentalités

AF532490

Ahmed Hasnaoui

Le génie de l'instrument - Les mentalités

Éditions Muse

Imprint

Any brand names and product names mentioned in this book are subject to trademark, brand or patent protection and are trademarks or registered trademarks of their respective holders. The use of brand names, product names, common names, trade names, product descriptions etc. even without a particular marking in this work is in no way to be construed to mean that such names may be regarded as unrestricted in respect of trademark and brand protection legislation and could thus be used by anyone.

Cover image: www.ingimage.com

Publisher:
Éditions Muse
is a trademark of
International Book Market Service Ltd., member of OmniScriptum Publishing Group
17 Meldrum Street, Beau Bassin 71504, Mauritius
Printed at: see last page
ISBN: 978-620-2-29864-3

Copyright © Ahmed Hasnaoui
Copyright © 2021 International Book Market Service Ltd., member of OmniScriptum Publishing Group

Le génie del'instrument

Chapitre : 01

Mr. Agoun a toujours voulu chanter mais il était bègue à ne pas décrire. Pour avoir un entretien avec lui il faudrait avoir de la patience, et puis essayer de l'aider autant que faire se peut, et deviner la suite des mots avec la première lettre qu'il arrive à prononcer. En passant par les bancs d'école, il n'osait lever la main pour répondre aux questions de l'instituteur et ce pour avoir à maintes fois tenté l'aventure. De ce fait, il restait dans son coin peinard. Il n'a pas pu aller loin, pensant peut-être, n'avoir aucune chance avec ses collègues ayant le verbe facile, et il a abandonné pour faire carrière ailleurs. Il a tenté de faire plusieurs métiers et il a fini par devenir apprenti mécanicien. Et il a fait du chemin, Mr. Agoun. Mais la musique et le chant il les avait dans le sang, et on ne pouvait le dissuader facilement. Avec quelques sous qu'il a pu mettre de côté, il s'est payé un vieil instrument à cordes et de temps à autres, il grattait cet instrument. Et il a fait vite d'apprendre à jouer à la perfection.

....

A l'atelier, Mr. Agoun a continué durant longtemps à chanter rien que pour sa personne, dans sa tête, en battant la mesure avec ses outils à mains et parfois il sifflotait un vieux refrain en accompagnant le bruit du moteur qu'il mettait en marche. Il a tellement écouté, des chansons interprétées par de grands artistes pop, avec la mort dans l'âme, du fait qu'il ne pourrait jamais entamer une carrière artistique, et il a cru bon d'accrocher quelques mots les uns aux autres qui rimaient un peu ou pas du tout. Il serait resté à ce stade de chanteur en herbes, muet par- dessus le marché, sans le fait d'avoir acquis, pour quelques sous seulement, un mandole, lequel d'après le vendeur, ayant appartenu à un grand cheikh décédé, maître de la chanson CHaabi (pop).

Chapitre : 02

Mr. Agoun avait l'habitude de trainer ses savates à travers les petites ruelles de la capitale lorsqu'il ne travaillait pas, les périodes de congé etc. du matin au soir il faisait une sorte de pèlerinage en léchant les vitrines. Il fit une légère pause devant une boutique d'antiquaire qui étalait de vieux meubles poussiéreux, un mandole trônait dans un coin. Il risqua un pied dans le magasin pour demander son prix et fut étonné de le trouver presque pour rien, et puis le vendeur était de ceux qui s'accrochent aux clients en louant son produit, et le lui colla presque de force. Aux premières vibrations des cordes de l'instrument il s'est passé quelque chose que Mr. A goun n'a pas pu définir exactement.

Chapitre : 03

La chanson dite CHaabi (pop), certains spécialistes soutiennent qu'elle est venue d'orient, ramenée par le dénommé Zeriab, pour passer en Espagne, à l'époque l'Andalousie. Durant longtemps on a chanté l'andalous, un style purement Magrébin à savoir : la Lybie, la Tunisie, l'Algérie, le Maroc et la Mauritanie. Mais c'était là une musique destinée aux hautes personnalités de l'état. Le petit peuple, lui, a développé des airs qui se rapprochaient de ces mélodies précitées, en l'occurrence : le Hawzi. Ce dernier a fait son temps sans pour autant disparaitre mais il a donné naissance à un autre style qui s'inscrit toujours dans ce vaste répertoire de la chanson populaire d'origine orientale revue et corrigée par des artistes Maghrébins. Le Chaabi est donc né dans ce vaste territoire et plus particulièrement au Maroc. De grands cheikhs et paroliers de renoms sont des Marocains et ont légué de grands recueils de poèmes et des musiques purement du style Chaabi.

....

En Algérie où le style Chaabi ne cesse de se développer a vu le jour avec le cheikh : M'hamed el Anka lequel a eu pour maître : cheikh el Nadhor originaire d'une localité appelée par OULED BEN LEMOU sise à AMAL, jadis un département de grande Kabylie, aujourd'hui : wilaya de Boumerdes.

La chanson Chaabi (pop) un style qui compte un vaste répertoire qui englobe le sentimental et puis le religieux en passant par le social qui traduit la Mal vie etc. nécessite avant toute autre considération la maîtrise de l'instrument qu'est la mandole. Vient en deuxième position la qualité du texte et puis la voix.

Chapitre : 04

Autres temps ; autres mœurs. Pas plus tard qu'hier, la chanson Chaabi était en net recul, et au lieu et place ont émergés des jeunes artistes qui ont chanté et chantent encore un style nouveau : le Rai. On y compte parmi eux un peu de tout : des chanteurs sincères et d'autres venus saboter la culture nationale, et il pourrait être question, sans preuve, de main étrangère afin d'effacer les repères, d'une nation, déjà flous.

……………………… …………………………… ………………………

La vie en société ne se résume pas seulement à boire et à manger puis perpétuer une race. Lorsqu'il y a développement cela englobe tous les domaines. L'artiste, le vrai persiste, le faux aussi. Dans cette optique, un individu peut rester tout le temps un artiste en herbes, comme il peut émerger du néant. De son passé, peu de gens ont idée. Qui aurait dit que Mr. Agoun a un problème pour s'exprimer clairement ? De là à chanter, c'est là toute une autre paire de manches.

………………………… ………………………… …………………………

Doucement mais surement, Mr. Agoun a entamé sa carrière artistique en rejoignant un orchestre qui animait des fêtes familiales en qualité de bras d'un petit cheikh de banlieue. Il n'a fait que gratter son instrument sans ouvrir sa bouche pour prononcer un seul mot. Un soir pourtant, le petit cheikh tomba malade. Impossible d'annuler la soirée car déjà payée d'avance. La petite troupe musicale fit de son mieux pour faire durer la fête. Tout le monde se hasarda à chanter un air, et Mr. Agoun fut surpris d'avoir pu placer une petite chanson de sa composition qu'il a toujours fredonnée dans sa tête tout en réparant des voitures. Les autres, aussi, membres de la troupe, ont cru qu'il s'est tapé la bouteille ou fumé un joint. Rien de tout cela. Comme un besoin naturel, tel que vouloir manger ou boire, il a ressenti un picotement au niveau de sa gorge, avec les premiers vers de la chanson prononcés, la suite coula telle une eau d'une source, claire et limpide.

Chapitre : 05

El le voilà Mr Agoun lancé dans la chanson Chaabi (pop). A partir de cette première sortie, unique en son genre, le petit clairon de banlieue a rangé son instrument pour le laisser trôner seul au milieu de l'orchestre bien qu'il a continué à venir pour devenir le bras droit du nouveau cheikh. Et comme par hasard, la clientèle augmenta d'un cran en cinq sec pour que chaque fin de semaine et durant tout un ete, Mr. Agoun et son orchestre ne chômèrent pas. On multiplia le prix de la soirée par deux ; par quatre, pour opter pour le plus offrant. On a fait des sorties hors wilaya et on partit en pays étrangers animer des soirées et galas pour des émigrés.

....

Et le succès et venu, tout seul, en la personne d'un fou amoureux de la chanson Chaabi qui a voulu promouvoir le produit de Mr. Agoun et le faire sortir de l'anonymat. Virent le jour alors, cd et cassettes et en plusieurs centaine de milliers, des chansons inédites. Mr Agoun est sollicité de partout pour participer à des émissions radios, télé etc. pour lesquels il déclina les invitations pour des raisons bien évidentes que hors scène son bégaiement reprenait de plus belle.

Chapitre : 06

Telle une histoire à dormir debout, Mr. Bahath qui a écouté presque toutes les chansons de Mr. Agoun, la plupart de véritables tubes, a pensé à un pseudonyme. Connaissant mieux que quelqu'un d'autre son voisin, mécanicien de métier, qu'il croisait de temps à autre dans le quartier, il a été sidéré qu'il puisse percer dans ce domaine, un bègue comme lui ; mais, c'est insensé ! Sur la photo qui ornait les jaquettes de ses produits, pourtant, il n'y avait aucun doute que c'est lui et aucun d'autre. De peur d'être déclaré individu envieux, il a gardé pour lui cette histoire d'un individu bègue qui chante mieux qu'un rossignol !

…………………………… ………………………… ……………………

Pour un phénomène, s'en été un et un de bon. Et Mr. Bahath était de ceux qui cherchent les racines des plantes herbacées et ne lâchent pas un sujet fort intéressant comme celui de Mr. Agoun. ------ comment se fait-il que sur scène il devenait une autre personne et dehors il fatiguait ses interlocuteurs quitte à lui fausser compagnie ? Un jour, je ne sais par quel hasard, il se pointa devant Mr. Hmida, l'écrivain public qui s'assoit au quotidien devant le bureau de poste de….

………………………… ……………………… ……………………

----- je suis envoyé vers vous par l'inspecteur Zdack, assura-t-il… Et de continuer :

---- il parait que vous êtes quelque chose comme….oh ! je ne sais plus, tellement mes idées sont confuses…..oh ! des fois, je regrette d'avoir entrepris de telles démarches…. Peut-être pour rien, mais je suis curieux de nature, et ce qui se passe avec Mr. Agoun m'a vraiment secoué….un bègue qui chante le Chaabi….mais, vous vous rendez compte, Monsieur !

---- Hmida…. Pour vous servir…..

Chapitre : 07

Le terme extraordinaire, peut parfois, dans bien des cas, n'avoir aucune signification. Qu'est ce qui ne l'est pas, ici-bas, en effet ? On s'habitue seulement à vivre en usant de paroles et des actes qui se répètent et qui obéissent à des lois strictes. Un fait, parole ou acte, jugé comme anormal, lui aussi, du fait d'avoir pu être réalisé, obéit à des lois, inconnues par le commun des mortels sauf quelques rares initiés qui ne sont que des personnes savantes, mais ne peuvent et surtout ne veulent, en aucune manière, divulguer leur secret qui a trait à une élévation spirituelle et une certaine préparation psychologique et organique du cerveau.

....

Mr. Hmida, l'écrivain public, au cours de son existence en a vu des vertes et des pas mures, celle-ci est de bout en bout remplie de trucs qui donnent le tourniquet. Et si aujourd'hui il conserve sa tête sur ses épaules ce n'est que par une grâce divine.

Des personnes qui ont perdu la vue durant longtemps et voilà qu'un jour elles la retrouvent, intacte, plus perçante qu'auparavant. Toutefois, il s'est passé un tas de trucs pas bons à voir, et leur entourage n'a pas pris en compte ni envisagé cette possibilité. Le monsieur ou la dame est devenu aveugle, et lorsque le chat n'est pas là les souris dansent ; constat amer d'une chienne de vie qui joue des tours.

....

La colère rend parfois une personne muette. Comme murée dans un silence total, elle continue à lorgner les autres, ne pouvant prononcer un mot. Avec des gestes elle apprend à communiquer ; et ce n'est pas du tout facile.

Un jour pourtant, la même scène ou presque se répète, et dans un élan de colère, elle vocifère. On oublie la rixe devant un bonheur retrouvé, et le fauteur de troubles devient bienfaiteur ! Mais que dire alors d'une folie qui s'en va et au lieu et place s'installe une sagesse et un esprit sain ?

....

....

Seulement, lorsque la folie persiste ou disparait, cela condamne en quelque sorte la personne à vie. Elle est taxée de folle à vie surtout au sein des sociétés du tiers monde. Et il faudrait quitter les lieux de résidence et aller le plus loin possible élire domicile.

Chapitre : 08

Mr Agoun devenu star de la chanson Chaabi (pop) ; tout comme l'a pensé Mr. Hmida a fini après un temps par découvrir le pot à roses, en l'occurrence, de quelle manière s'opère cette métamorphose, une fois monté sur scène. S'agit-il d'une double personnalité, ou une entrée dans une sorte de transe ? Dans tous les cas de figure l'instrument est pour beaucoup de choses, il est même l'essentiel ; sans quoi, toute une carrière aurait pris fin il y a longtemps de cela. De ce fait, son instrument, il le garde dans une espèce de coffre- fort à la maison. Dehors, il déambule avec et le fait entrer même dans les toilettes.
Après cette découverte il devient triste à cause de cette réalité amère, que c'est quelque chose de pas naturel. Inquiet aussi que d'un moment à l'autre son instrument pourrait être volé, ou remplacé par un autre tout à fait identique par une personne malveillante. Avec le temps, il finit par se dire que toute chose ici-bas a une fin inévitable, et qu'il a passé un bon bout de temps de son existence hissé sur le podium. Il en été à ce stade de pensée lorsqu'il eut la visite d'un certain Mr. Hmida, écrivain public de son état.

……………………… ……………………… ……………………………

Mr. Hmida, l'écrivain public, est venu voir Mr. Agoun pour en confirmer ce qu'il a toujours su depuis des lustres. En excluant un hasard, qui n'existe que dans l'imaginaire de la majorité des gens, il faudrait, peut-être, entrer, avec la permission de la star, dans sa vie privée voire la plus intime et avoir une idée précise sur la nature de sa personnalité ? Mais, qui est au juste Mr. Agoun ?
Qu'est-ce qu'il a fait de bon ou de mauvais au cours de son existence, en visitant, au besoin, son lointain passé ? Est-il un individu croyant ou un athée ? Etc. par la suite tout s'éclaircira.

Chapitre : 09

On peut naître avec un don d'artiste et puis en faire un métier. On peut aussi ne rien faire avec, et puis ce don, transmis via les gènes d'un lointain aïeul, ressemble à un outil sorti d'un moule, à l'état brut. Le sujet en question, son esprit recèle une prédisposition à exceller dans un domaine qui a trait à un art quelconque ; tout un travail de longue haleine à faire pour arriver un jour à inscrire son nom et devenir une célébrité, sinon rester au stade d'amateur.

……………………… ……………………………… ………………………

Mr Agoun, lui, est né avec cet esprit mais sans les moyens nécessaires pour parvenir à ses fins. Toutefois, ce trop- plein d'énergie, à revendre, cette volonté farouche de communiquer à autrui des idées à soi etc. ne suffisent pas à elles seules pour devenir un chanteur Chaabi. Peut-être, faut-il avoir lu beaucoup, entre autres, le livre saint ; avoir voyagé et visité les quatre coins du globe; côtoyé des grands maîtres de cet art et s'être abreuvé de leur recueils de poésies etc. après tout cela, un esprit éveillé pourrait se faire une certaine idée confuse ou précise. Les premiers pas, normalement, viendront d'une manière naturelle. On se surprend en train de les faire tel un bébé qui apprend à marcher, il tombe et se relève plusieurs fois de suite.

……………………… ……………………… ………………………………

Un novice dans un domaine de la chanson en général et celle du Chaabi (pop) en particulier fait comme une irruption dans un lieu jamais imaginé auparavant. Il est des gens qui font des entrées fracassantes pour éblouir tout le monde, d'autres, timides, ont le trac, suent de tous les pores, pensent avoir affaire à de super héros qui ne se trompent jamais. Toutes catégories confondues, après un séjour plus ou moins longs, découvrent un tas de vérités cachées.

Chapitre : 10

Paroliers, compositeurs et interprètes, la plupart des cheikhs de la chanson Chaabi (pop) le sont. Pourquoi, cela ? Il faudrait, peut-être, avoir une vocation pour exceller dans l'une des trois spécialités précitées, pour avoir une idée nette et précise sur ce qui se passe sur la scène artistique propre à la chanson en général et celle dite Chaabi en particulier. On se fait des idées en se positionnant, hors circuit, fermé, de ce domaine. Toutefois, la réalité dépasse de loin la fiction. Oser s'aventurer dans une jungle en folie relève d'un véritable parcours de combattant. Ô combien d'aventuriers, surtout des jeunes personnes, se sont laissés bercer d'illusions pour inscrire leurs noms sur la liste de ce vaste répertoire de la culture populaire, assimilée de nos jours à du simple folklore.... Et ont vite fait par déchanter.

....

Il n y a pas que la politique qui influe sur l'art en général et la chanson en particulier. La mal vie se taille la part du lion. La chanson est avant tout un produit destiné à des consommateurs. Il arrive parfois que la situation est telle qu'elle ne se prête pas pour inciter une population, en détresse, à danser, encore moins à philosopher. L'appel d'un estomac vide couvre tout bruit et son venu de l'extérieur. Il y a surtout l'avenir, incertain, une vie sans lendemain, qui freine toute initiative pour se cultiver. Et pourtant, il n y a pas que la nourriture du corps ; celle de l'esprit a son pesant d'or, et tout ce que la race humaine a entrepris comme recherches et développements technologiques ont été accomplis par ce moyen qui a comme incarnation le cerveau lequel a besoins de se défouler de temps à autres.

Chapitre : 11

L'intellectuel ; l'artiste etc. est un témoin de son époque, à l'écoute de la société, il partage ses joies et ses peines, et réagit par le truchement de la parole ou l'encre de son stylo ; par les vibrations des cordes de son instrument, entre autres, desquelles il tire un son plus ou moins harmonieux ; par la peinture, des toiles fixant une situation donnée qui renvoie celui qui en prend connaissance de son œuvre à l'époque où elle a été réalisée. De ce fait, il raconte une histoire vraie, vécue par lui ou quelqu'un d'autre appartenant à son époque, revêtue de sentiments qui lui sont propres. Contrairement à un journaliste qui couvre un événement, l'artiste réalise son œuvre avec un cœur qui bat la chamade ; la joie ou la peine transparait nettement.

…………………… …………………………….. ………………………..

La chanson Chaabi (pop) à un moment de son histoire s'est acheminée vers le déclin du fait qu'il n'avait plus de renouveau. De vieillies quacidates (poèmes), qui ont fait leur temps, faisaient l'objet de reprises par tous ceux et celles qui mettaient un pied dans ce domaine, une condition sine quoi non pour avoir le titre de cheikh.

Au recouvrement de l'indépendance du pays cela a marché pour un temps, tous les amateurs du chant et musique en général et ce style en particulier se sont lassés d'écouter les mêmes refrains, surtout avec l'émergence de maux divers qui rongent la société. Un nouveau style appelé Raï a vu le jour, malgré ses paroles qui laissent désirer, il s'est taillé la part du lion.au milieu de la nouvelle génération en perte de repère qui raffole de ce nouveau produit qui traduit :

----- la mal vie des jeunes ;

---- le chômage ;

----- un avenir incertain etc.

Tel un cours d'eau, la chanson et toute une culture sont détournées au profit d'une minorité de jeunes nantis, fils de pontes et qui constituent une clientèle potentielle pour des produits médiocres. Plus besoins d'une morale à tirer d'un album qu'on écoute en boucle pour ouïr juste une musique, que dire du son d'instruments divers puis deux ou trois mots sans rime aucune qu'on répète jusqu'à ce qu'on se lasse.

Chapitre : 12

La culture en général est ni plus ni moins une nourriture de l'esprit ; la chanson n'est qu'une manière subtile pour faire passer un message. De quel côté se situe l'artiste, sa situation dans l'espace et dans le temps est plus que déterminante, toutefois, les consommateurs de tous bords ne sont pas dupes. Il peut les fourvoyer longtemps, certains épousent sa thèse et boivent ses paroles comme de la flotte, d'autres y reviennent, suite à un déclic qui s'opère dans leur esprit, à reconsidérer ce qu'ils ont consommé et refont surface avec une nouvelle mentalité qui exclut toute cette sous culture qui est l'apanage d'un faux artiste qui évolue sur des voies publics.

Chapitre : 13

Mr. Hmida, l'écrivain public, a quitté Mr. Agoun avec la ferme conviction que ce dernier est un bon citoyen. Certes, son instrument est quelque chose d'hors du commun, qui lui a permis d'affronter sur scène un public, surtout lors de ses débuts dans la chanson Chaabi (pop) ; une sorte d'assurance de soi, et que à la longue, peut-être, il pourra s'en passer et opter pour quelque chose d'autre.
Mais, si réellement il est quelques chose d'hors du commun c'est bien lui, Mr. Agoun et rien d'autre ; ça c'est vérité vraie et qui ne souffre d'aucune ambiguïté.

....

Qui est réellement Mr. Agoun en dehors de son métier de mécanicien auto ? Toute une histoire qui s'étale sur une période de 50 années d'existence.
Tout un chacun traine dans son sillage une histoire et plus encore. Certaines l'ont marqué à vie ; d'autres restent blotties dans un coin de sa mémoire qu'il revisite de temps à autre. Il pense avoir oublié des faits, et il suffit d'un quelque chose qui chatouille son âme pour voir revenir un fait en force.
Mr. Agoun a toujours chanté en bégayant, il a fait rire les uns et pris en pitié les autres. Toutefois, la qualité de ses poésies mises en musique n'avait rien d'égale.

....

----- oh, toi l'interprète je t'en prie prête une oreille attentive à mes dires, Dieu te guidera ; fait attention au courant de ton existence qui t'abaissera pour chanter des vilaines ; elle (la vie) a induit en erreur plus d'un... ; si tu en fait un métier, prends garde à ce qui sort de l'anormal, objet de curiosité, et toute chose inutile tu n'as qu'en faire.... ; ou bien tu es un parolier très bien calé, fais ton choix et opte pour le paradis ou de l'enfer, demain de quel côté tu seras...

....

Mr. Agoun doit aussi sa réussite artistique au fait que lorsqu'il a entamé sa carrière la scène était presque vide. La poignée de cheikhs qui se reliaient sur le trône ont disparus les uns après les autres. Un tas de jeunes parmi lesquels ils y avaient ceux ayant évolué au sein d'une association artistique de renom étaient loin de prétendre à un quelconque titre. Et puis à cette époque il y avait en air comme une idée de vouloir moderniser ce genre de chant appelé le Chaabi lequel d'après beaucoup de nouveaux venus a fait son temps. Avec des instruments tels que la guitare électrique, le synthétiseur etc. personne n'a pensé au sujets chantés, la qualité de paroles, propre à ce style, non renouvelées depuis des siècles..

Chapitre : 14

Depuis la nuit des temps, l'être humain, cet animal sociable ayant la faculté de s'exprimer par le truchement de la voie, a découvert, entre autres, ce genre d'expression qu'est la chanson pour faire part à ses semblables de : ses joies et ses peines. Il a chanté l'amour ; il a chanté la haine. Il a décrit avec des mots et peint des tableaux sur fond de bien être ou de misère, des scènes émouvantes. Tout cela constitue une mémoire collective propre à un peuple ; une communauté, relative à une époque faste ou temps de disette. Au jour d'aujourd'hui la culture en général et la chanson en particulier a fait comme un cours d'eau qui sort de son lit.

……………………………….. ………………………………..

………………

L'art en général est une forme d'expression qui se fait d'une manière spontanée. Il a trait aux sentiments qu'éprouve une âme d'artiste pour les partager avec autrui. Il cesse d'être comme tel lorsqu'il devient une production voulu par soi pour un but lucratif et plus encore à la demande, ordre donné pour produire. Le pire dans cette entreprise fallacieuse serait de saisir une occasion pour faire payer une facture très chère rien que pour faire vivre dans une sorte de rêve : un malade ; un amoureux épris de… ; un individu expatrié etc.

……………………………….. ……………………….

…………………………………..

Il se passe parfois le contraire du but poursuivi. Bien au début, Mr. Agoun a multiplié ses sorties un peu partout en ayant en tête une réussite fulgurante et surtout d'être à l'abri de tout besoin matériel. Et cela a foiré à chaque fois, jusqu'au jour où il a cru bon de renoncé à l'acquisition de tout bien matériel et plus encore une place au soleil. Avant d'arriver à cette conclusion, il y avait eu tout un travail psychologique qui s'est étalé dans le temps. Il s'est surtout posé des questions qui nécessitent de profondes réflexions :

----- qui suis-je réellement ?

----- suis-je libre de faire n'importe quoi ?

----- y aurait-il des limites à mes actions ?

----- qu'en est-il du destin de tout un chacun exactement ? Etc.

Chapitre : 15

Mr. Hùida, l'écrivain public, est tout à fait d'accord avec Mr. Agoun, avec qui il a eu de longues discussions, agaçantes, certes, du fait qu'il l'a aidé à commencer un mot sinon à terminer une phrase, toutefois, la qualité du contenu débarrassé des fritures vaut son pesant d'or. Mr. Agoun s'est révélé être un penseur en bonne et due forme. A en croire ses dires, une évidence pour les connaisseurs, l'existence, de tout un chacun, à mener d'un bout à l'autre s'inscrit dans l'action, bien que beaucoup veulent se la couler douce sans dépenser trop d'énergie. Toutefois, il est question de l'utilité de cette énergie.

....

Entre individu oisif et un autre producteur de biens ou prestataire de services il y a tout un monde à apprécier ou à rejeter ; c'est selon le cas. Les uns estiment que lorsqu'on a tout, à quoi sert-il de se casser la tête ? Au moindres frais possibles, ils tentent d'inscrire leur nom dans les annales de l'histoire. Avec leur argent ils pensent tout faire, tout acheter. Des spécialistes en la matière travaillent à leur place, eux s'assoient sur le trône. La plupart de ces gens appartiennent à cette catégorie sont très peu instruits et évitent autant que faire se peut de s'exprimer devant un public ; pure perte de temps.

....

Un producteur de biens ou prestataire de services n'est pas venu au monde avec ses qualités précitées. Il est aberrant, mais beaucoup de gens des deux sexes qui font des études très poussées, suivent des formations professionnelles et des stages de perfectionnement rien que pour se mettre au service d'un riche industriel ou autre. Ils n'ont pas le temps de se faire des idées ni de donner un avis personnel sur ce qui se passe dans leur environnement immédiat. Cela pourrait venir, dans bien des cas, beaucoup plus tard à un certain âge dépassant la quarantaine....

....

Très peu sont ceux qui mettent comme un pas timide, signe avant-coureur d'une carrière, dans un domaine à même d'être logé à très bonne enseigne, car abreuvés à la bonne source, des parents ou membres de la famille qui leur ont légué en héritage : un savoir-faire ; un savoir-être ; un savoir tout court, à perfectionner bien sûr. Beaucoup d'eau coulera sous les ponts entre leur première sortie et leur installation en tant que....

Chapitre : 16

L'être humain vit avec sa tête à laquelle sont rattachés tous les organes, et porteuse de quatre organes de sens : la vue, l'odorat ; l'ouïe ; le toucher, lui a trait au derme qui couvre le corps de cette tête jusqu'aux bouts des pieds, excepté ce dernier, les trois premiers sens sont des ouvertures sur ce qui entoure cet être, et qui servent comme moyens de transmissions d'informations à cet organe central en l'occurrence le cerveau.
Durant un temps plus ou moins long, il est certain individu, pas tout le monde, qui se fait une idée vague ou précise sur un cumul de sons entendus et des images, des scènes vécues, le tout à coller les uns aux autres et puis sortir avec un résultat à exploiter.

……………………… ………………………… ………………………

Mr. Agoun, si Mr. Hmida, l'écrivain public, a bien compris, appartient à la catégorie des gens qui avalent tout, beaucoup plus ils rapportent, à ce qui daignent leur prêter une oreille attentive, des paroles qui ont, peut-être, traversé milles lieux pour parvenir jusqu'à les leurs.Des chansons, il en écouté à la pelle. De beaucoup d'entre-elles il n'en a gardé qu'une mélodie vague, alors pour palier à sa mémoire qui lui défaut de temps à autre, il n'a pas trouvé mieux que d'écrire des paroles de sa composition.

…………………… ……………………………… ………………

C'est en forgeant qu'on devient forgeron ; un travail de longue haleine qui demande de la persévérance et un passage par plusieurs étapes successives, et on se posera, peut-être, un jour la question : c'est quoi la chanson au juste ?
Très difficile est la réponse à cette question. Mr. Agoun, quant à lui, il dit en substance : un concentré d'un quelque chose qui décrit une situation donnée ; une perspective d'avenir ; un espoir etc. le tout à diluer dans un liquide, peut- être immatériel, dans lequel baigne le cerveau de celui qui consomme le dit produit. Cet état de fait, explique, on ne peut mieux, la préférence de tout un chacun, et puis la leçon à tirer après écoute.

Chapitre : 17

A lui seul, un poème n'est pas une chanson ; la musique à elle seule non plus. Le poète peint, par le moyen des mots, un tableau voire plusieurs qui s'enchainent telles des images d'un film. Une bonne musique qui se marie avec les scènes met ses dernières en mouvement. Le rythme est ici primordial du fait que la chanson n'invite pas toujours à danser, mais parfois, elle transporte celui qui écoute pour l'emmener faire un voyage dans l'espace et dans le temps.

....

La chanson, une sagesse qui s'exécute avec entrain et amour ; une sorte de cadeau à offrir presque pour rien à un large public fan de la bonne parole susceptible d'éclairer et instruire, véhiculant, dans bien des cas, une science. Hélas, ce n'est pas toujours le cas, telles les deux facettes d'une pièce de monnaie, le côté sombre de notre existence essaye de faire pencher de son côté la balance. La musique adoucit les mœurs..... plus encore, certains paroliers trouvent là une occasion pour inoculer, à qui daigne les écouter, un venin qui travaille durant longtemps pour pousser à la dépravation.

....

Certes, après un travail intense, le besoin de se défouler un peu s'impose de lui-même, action de relâcher les nerfs tendus, dans des limites bien sûr. Une thérapie par le moyen du chant et de la musique est recommandée pour des personnes souffrantes de nervosité. Plus encore, les chants religieux sont ce qu'il y a de meilleur pour faire passer un message de fraternité et pousse à la méditation sur une existence que tout le monde mène, parfois, en somnambule. Le côté âme est délaissé au profit d'une course contre la montre pour s'accaparer des biens matériels. Toutefois, ceux et celles qualifiés d'artistes, à force d'être secoués par des vibrations des instruments de musique et de mener une vie de bohémiens, ne sont plus bons à rien. Preuve est-il, et que dans ce milieu, alcool et drogues de tout genre, se disputent la place à d'autres choses des plus importantes.

Chapitre : 18

L'art en général fait comme engloutir celui qui le pratique à outrance ; l'abus de toute chose, ici-bas, est néfaste. Il n y a pas, en effet, que l'action de rouler les épaules et secouer les hanches, on s'arrête comme pour reprendre son souffle et mettre en pratique ce à quoi on y croit fermement. Les fans de l'art ainsi en écoutant un produit nouvellement mis sur le marché font comme se ressourcer afin d'effectuer un nouveau départ vers un but nouveau aussi, jamais, peut- être, imaginé auparavant.

…………………… ………………………… ………………………

Hélas, on oublie souvent qu'on est, citoyen avant tout, pour continuer à se comporte, dehors comme sur scène, pire qu'un interprète qui murmure entre ses dents un produit à parfaire, ou un comédien qui fait le pitre là où il met les pieds. On parle de déséquilibre psychologique car avant tout, la pratique d'un art n'est qu'un métier comme un tas d'autres. C'est son utilité, et encore plus, son effet sur les membres de la communauté à laquelle l'artiste appartient, qui prime sur toute autre considération.

………………………… ……………………… ……………………………

Mr. Agoun devenu interprète de la chanson Chaabi (pop) dit avoir été loin en effectuant des recherches sur cette manifestation, parfois, spontanée, qu'est la pratique de l'art en général et la chanson en particulier. Formation de lettres qui composent un mot n'est qu'un ensemble de vibrations des cordes vocales par le moyen de l'air contenu dans les poumons ; ceci lorsqu'il s'agit de s'exprimer d'une manière naturelle. On parle dans ce sens précis de personne ayant une voix rauque ou aigue. Un tas d'éléments entrent dans cette opération pour obtenir un timbre particulier et propre à untel. Obèse ou maigre ; homme ou femme ; forme du visage ; jeunesse ou vieillesse ; santé ou maladie etc. tout cela concourent pour produire un son particulier. Mais lorsqu'il s'agit de rendre agréable à l'ouïe des paroles c'est toute une autre paire de manches.il est des personnes qui ont naturellement une voix mélodieuse ; et ça se travaille encore pour parvenir à quelque chose de plus fin ; une rare occasion pour faire passer un message….

…………………… ……………………… ……………………………

Telle une arme à double tranchant, surtout en ce qui concerne des personnes non averties, il faudrait sasser et ressasser tout produit qu'elles consomment, et puis accorder une importance capitale au sens du contenu au détriment d'une variété de sonorisation agréable à l'oreille.

Chapitre : 19

Mais pourquoi donc composer un air pour accompagner le chant ? Mr. A goun, sans l'ombre d'un doute, est un poète, pour avoir assimilé les notes musicales à des signes à décoder par le moyen de mots changeants dans tous les couplets. Plus loin, il dira que la musique est une sorte de vêtements qui couvrent les paroles chantées aux rythmes des instruments de percussion. Très vague, surtout pour un profane, cette définition d'une multitude de sons accordés les uns aux autres et faisant vibrer l'âme pour l'emmener dans une autre dimension.

....

Mr. Hmida, l'écrivain public, n'a pas fini de s'étonner des propos de Mr. Agoun qui précisa que le chant sur scène diffère beaucoup par rapport à celui enregistré sur bandes sonores. Joueurs d'instruments de musiques divers et interprètes font comme tisser avec des mots et des notes de musique comme une cape qui enveloppe le public qui assiste à un gala, par exemple. Cela se passe de même en ce qui concerne une pièce de théâtre à laquelle on assiste en direct, le produit est susceptible d'être revu et corrigé à chaque fois contrairement à un film réalisé une bonne fois pour toute.

....

Interprète et sa troupe musicale ne savourent pas pleinement ce qu'ils font, ils passent par plusieurs étapes consécutives. On a le trac durant longtemps pour parvenir à la maîtrise de soi. Plusieurs interprètes usent de stupéfiants afin de calmer leurs nerfs ; une autre forme de déperdition qui aura à long terme un impact sur leur avenir en fonction de ce qu'ils dispensent au public ; mais comment chanter avec son cœur quelque chose à laquelle on y croit guère ?

Chapitre : 20

Ce qui a toujours hanté Mr. Agoun, arriva un jour, à l'improviste. Un soir en rentrant tard après avoir animé un mariage, il ne trouva pas son instrument. Un chagrin terrible le saisit, il pleura même sa ruine, puis se ravisa et accepta le fait de l'avoir perdu à jamais, et avec lui sa carrière artistique s'acheva comme elle a débuté un jour. Ce qu'il lui resta à faire serait d'annuler les rendez-vous des soirées à animer durant le restant de l'ete. Par la suite il annoncera la mauvaise nouvelle : une maladie, sur ordre de son médecin de ne plus chanter !

....

Mr. Hmida, l'écrivain public, a eu vent de la triste de cette perte de l'instrument de musique, un mandole qui fait le bonheur de Mr. Agoun, pour l'avoir propulsé au plus haut niveau que jamais un artiste n'a atteint. Le malheureux bègue dans la vie au quotidien, rossignole sur scène, en renouant avec son existence d'antan a pensé se retirer dans une maison de campagne, une sorte d'isba achetée il y a quelque temps, et ce pour écouler ses derniers jours. Mr. Hmida, lui rendit visite un jour à l'improviste.

....

Mr. Agoun n'est pas malheureux du tout, au contraire il est gai et souriant. En recevant l'écrivain public, il lui part d'une chose inattendue : le fameux instrument de musique lui a été rendu il y a quelques mois seulement par un interprète en herbes de la chanson Chaabi (pop). Incroyable mais vrai, la personne en question réputée par une parfaite maîtrise du mandole n'a pu tirer un air de l'instrument volé. Entre temps, Mr. Agoun en faisant le point avec lui-même, s'est posée une question qui a dévié le cours de son existence...... !

Chapitre : 21

Lorsqu'on est en plein dedans de quelque chose, en effet, il arrive qu'on oublie, un tant soit peu, ne serait- ce qu'une possibilité aussi minime soit-elle, d'un quelconque changement. Le bonheur des uns, parfois, se construit sur la ruine et la misère des autres. Il est bien beau de se payer une sorte d'évasion, de temps à autre, mais lorsque la société traverse une crise aigüe, l'observation d'un silence religieux est ce qu'il y a mieux de faire.

....

Un être humain quel qu'il soit, vit plus ou moins dans une sorte de rêve à l'état d'éveil que dans la réalité qui prévaut sur le terrain. Toutefois, reposer ses

Pieds, de temps à autres, sur le sol et faire une sorte d'évaluation et plus que nécessaire. Bien sûr qu'il est des gens, je m'en-foutistes à outrance, puis comme dit l'adage : mieux vaut tenir que courir.

....

Une pause serait, si elle est plus ou moins longue, c'est comme la nuit qui porte conseil, entre autres. On fait comme se réveiller après un cauchemar affreux, pour dire : qu'est- ce que je suis en train de faire ?

Le passage de l'être humain sur terre, bref ou long, se veut comme quelqu'un qui goute à toutes les sauces. On pense être instruit, intelligent, ceci et cela, jusqu'à la découverte qu'il y a toujours mieux ou pire. Notre chemin de vie vu par un citoyen de notre communauté, enfoncé jusqu'aux oreilles dans une fange de misère, que nous voyons évoluer sur un sentier qui chevauche en parallèle avec le nôtre, est un exemple type.

Chapitre : 22

A bien regarder de près et puis faire une comparaison, dira Mr. Agoun, l'estime de soi peut être fausse ou faussée par un tiers. En lui faisant part de nos réflexions, il peut être émerveillé par des propos banals qui lui vont droit cœur. Plusieurs fois de suite, ce genre de comportement nous pousse à envisager la possibilité de faire carrière, dans le domaine de la chanson par exemple. Mon cas d'amateur de ce genre d'expression artistique aurait pu rester au stade de fan seulement. L'acquisition de cet instrument ayant appartenu à un grand chanteur (maître) a mis le feu aux poudres. Un génie habite cet instrument, comme on dit. J'ai cru longtemps que cela n'est pas du domaine du possible.

Bien que dès le début de cette carrière qui m'a mené loin j'ai eu des doutes ; un bègue qui retrouve la voix normale. ! Après le vol de cet instrument hanté, j'ai eu la confirmation.

…………………… ………………… ……………………………

Une arme à double tranchant est toute entreprise que l'être humain est en mesure de mener en général et plus particulièrement quelque chose qui a un impact sur autrui, susceptible de dévier le cours de toute une existence. Nous humains, ne voyons pas tout. Là où il y a rassemblement, attroupement, de personnes, de bruit, beaucoup de bruit, là s'ouvre une porte sur le monde parallèle. Incroyable mais vrai, souligne Mr. Agoun, cette ouverture donne libre accès à des entités qui passent séjourner parmi nous.

Ma réussite à moi, n'a pas été facile du tout, autre cet handicape de la parole, ce que je chante trouve difficilement preneur de nos jours.

Chapitre : 23

Artiste, je le suis dans le sang, mais d'un genre particulier qui se veut semer la bonne graine au sein d'une société qui tend à perdre ses repères. Et puis les autres de notre espèce, la plupart d'entre eux, se sont éloignés du droit chemin pour être utilisés à des fins politiciennes, promouvoir un produit nouvellement mis sur le marché ; louer une équipe de foot bal porteuse de couleurs locales etc.

……………………… ……………………….. ………………………..

Il fut un temps, dira Mr. Agoun, où pour mettre un produit sur le marché, il fallait des mois voire des années. Ce n'était ni plus ni moins un message à passer à destination de gens peu instruits du fait que l'artiste, parfois, parle plusieurs langues ; a accès à différentes cultures, et traduit ses connaissances vers le patois local parlé par les membres de sa communauté. Il est des gens aussi qui n'ont ni le temps ni les moyens de se cultiver que par le moyen d'une radio ou un support magnétique, bon marché, qu'ils écoutent durant la nuit où lors de déplacements au quotidien qu'ils effectuent pour relier maison au lieu du travail et vice-versa.

Au jour d'aujourd'hui, avec des soi-disant artistes de tout bord, la plupart des jeunes, encore imberbes, débarquent pour vivre à la marge de la société tels des parasites. Comme savoir-faire ils grattent un instrument ; usent de paroles banales et puis ils fument un joint à chaque irruption sur scène, traficotent avec des stupéfiants qu'ils refilent à un large public qui les suit là où ils se produisent.

……………………….. ……………………… ………………………

------ avez-vous entendu parler d'un certain soi-disant artiste, prénommé comme le genre de musique qu'il produit : le Sihli ? questionne, Mr. Agoun.

Et de continuer sans attendre la réponse de la part de l'écrivain public: il a pris pour vingt années de prison. Dommage, moi, avec ma bonne volonté je ne lui arrive pas à la cheville. Hélas, la chanson il ne l'utilisait que comme couverture à un large commerce de drogue de tout genre….

Chapitre : 24

Mais le plus beau assure Mr. Agoun c'est le propriétaire de cet instrument hanté, feu Dahdouh. Mais qui ne connait pas Mr. Dahdouh ? Un nom qui revient sur toutes les lèvres. C'est lui, et pas un autre qui a révolutionné la chanson Chaabi (pop). Son seul vice, que Dieu ait son âme, est le fait s'être un gouffre de la boisson alcoolisée ; autre chose, c'est un ange sur terre. Il n'a pas chanté une seule chanson où le bon Dieu n'est pas glorifié. Son plus grand tube, repris dans plusieurs langue, même en chinois, « toi qui t'es garé, peut- être pour de bon, un jour viendra où tu redémarreras..... mais pour expliquer comment un génie a élu domicile dans son instrument, il faudrait avoir beaucoup de patience et puis une ouverture d'esprit qui conçoit l'existence de tout un monde caché ; toute une science qualifiée : de sciences occultées.

....

Oui, effectivement, l'intermède causé par l'expropriation de l'instrument par un tiers, m'a donné matière à réflexion, ajoute encore Mr. Agoun. Et si de par le passé j'ai cru un temps détenir quelques vérités, elles se sont envolées pour laisser place à l'essentiel, jamais effleuré jusqu'à cette date. Beaucoup plus que mon instrument, j'ai été subjugué par une simple réussite, sans plus, ici-bas.

Oui, effectivement, comme un tas d'autres de mes semblables qui pullulent à la surface de la terre, j'aurais pu passer à côté de la plaque, jusqu'au dernier souffle, pour avoir une image nette et précise où j'irai pour l'éternité.

Toutefois, je pense que ma sincérité a eu le dessus sur toute autre considération. Et même si je continuerai à chanter, je donnerai beaucoup plus d'importance aux paroles que j'essayerai de purifier à l'extrême.

Chapitre : 25

Y a-t-il une recette, comme dans l'art culinaire, pour devenir interprète ..... en dehors d'avoir une âme d'artiste ? Une question que je me suis posée tout au long de ma carrière artistique et surtout après l'arrêt forcé suite à la perte de mon instrument. Le problème, le vrai, c'est le fait que beaucoup de gens de tout âge veulent devenir comme tel sans avoir cette vocation. Beaucoup en rêvent seulement ; d'autres passent à l'action. C'est malheureux, mais c'est comme ça : chanter de nos jours est ni plus ni moins un gagne-pain que beaucoup pratiquent faute de trouver mieux. Beaucoup plus, on revendique un statut particulier ! On argue à cet effet, le devenir de cet artiste, une fois mis hors circuit.

....

Tout en prêtant une oreille attentive aux propos de Mr. Agoun, Mr. Hmida, l'écrivain public part comme d'habitude dans une espèce de rêve. Il voit une marche de chanteurs à travers les ruelles de la capitale et des grandes villes du pays on exige plus de considération, clame un groupe d'artistes.

D'autres hommes muets, brandissent des écriteaux sur lesquels, il y a, entre autres, des caricatures représentant des artistes très vieux, mal foutus, mal habillés, maigres à ne pas décrire, se tordant de douleur, les mains sur l'estomac, surement vide etc.

....

----- l'artiste est un citoyen exceptionnel.....

A la suite de cette expression formulée par Mr. Agoun, Mr. Hmida repose ses pieds sur terre.

---- soit, mais personne ne l'a forcé à exercer ce métier, jugé, peut-être, ingrat, par les uns.

---- non, rectifie, Mr. Agoun...... un chanteur c'est comme un marin, ce n'est pas lui qui prend la mer mais c'est la mer qui le prend.... Pour ne plus le lâcher, lui souffre et fait souffrir sa famille avec lui ; le pire dans cette combine serait l'épouse ou l'époux. Dans tous les cas de figure, après une nuit animée, on rentre au bercail complètement défoncé et on ronfle son soul. L'autre qui vit sous le même toit, après un temps, en aura marre et envisage de rompre la relation de vie en commun.

....

Rien d'étonnant donc qu'un artiste ait une vie exceptionnelle aussi pour contracter plusieurs mariages ; d'avoir plusieurs enfants résultant de ces unions, des demi orphelins flottant entre un foyer et un autre pour aller à la dérive. La plupart de ces artistes, en écoulant leurs derniers jours, regrettent d'avoir suivi cet itinéraire caillouteux qui les a menés à la ruine. Avec un traitement de faveur, ils pensent, peut-être, pouvoir résoudre un tas de leurs problèmes, une sorte de compensation pour que leur douce moitié soit nantie de biens de tout genre dans ce bref passage sur terre.

Chapitre : 26

Avec Mr. Agoun, le sujet relatif à la chanson ne pourrait avoir une fin. Mr. Hmida lui suggéra d'écrire un bouquin, mais lui pense que c'est là un vaste océan et ne saurait par où commencer. Cela a trait à l'âme qui loge dans le corps humain, qui se manifeste, entre autres, par ce moyen d'expression. Bien sûr que de tout temps certains courants de pensées ont voulu museler ce genre d'individus et les contraindre à se taire. Mais jusqu'au jour d'aujourd'hui ont-ils réussi dans leur entreprise qui mine, ce besoin, naturel, à satisfaire ? Loin s'en faut, et ils reviennent à l'attaque, sans se lasser jusqu'à la fin des temps.

…………………… …………………… ……………………

Un film sans musique ! de quelle manière serait-il regardé ? Tel un met sans sel. Il est, en effet, des choses de la vie qui n'ont pas de limites, la bêtise en fait partie. Ce n'est ni plus ni moins la fermeture d'une porte qui donne accès au savoir. On rencontre dans certains courants de pensées des soi-disant illuminés qui parlent de se consacrer corps et âme à la pratique de la religion. Ils oublient qu'il y a chants d'oiseaux. Certaines races telles que les canaris et chardonnerets, rossignols etc. enregistrent dans leurs mémoires des récitals complets; sans omettre que lorsqu'ils sont ensemble il y a échange d'air qui passe dans les deux sens ; pour avoir par exemple : un canari qui chante chardonneret et vice-versa.

…………………… …………………… ……………………

Autrefois, avant que prolifèrent contes et romans de tout genre, c'était la poésie qui trônait seule en un règne sans partage. A titre d'exemple, l'odyssée est un poème d'Homère. Et puis de tout temps, un producteur d'idées nouvelles, excelle presque toujours dans l'écriture de la poésie, avant d'élargir plus tard son champ d'action et englober théâtre et prose etc.

Chapitre : 27

Tout compte fait, un poème destiné à être mis en musique puis chanté par un interprète, traduit une situation donné :
----- de peur ou d'angoisse ;
----- décrit un espoir ou une situation sans issue ;
----- relate un fait d'une grande importance pour l'inscrire dans les annales de l'histoire d'une nation, par exemple, et de l'humanité d'une manière général etc. dans cet ordre idées, cet état de fait a permis la suprématie de cette créature sur les autres non douées de raison, n'ayant pas l'usage de la parole, encore moins la possibilité d'avoir une idée sur leur passage sur terre.

....

Depuis la nuit des temps, la recherche de dominer ses semblables a toujours été entreprise par roi et chef. On parle de guide spirituel voire de gourou etc. dans un but bien précis : le maintien d'un statut quo, tous les moyens sont bons pour parvenir à cette fin. Cette dernière justifie les moyens, quitte à dévier tout de son cours, la religion incluse. Un citoyen pensant, au jour d'aujourd'hui, représente un danger à éviter autant que faire se peut, susceptible de drainer une foule de gens, de leur ouvrir les yeux sur un monde réel, rendu imaginaire par certains tenants du pouvoir. Se faire des idées, dans ce cas, revient à dire : se faire des illusions !

....

Il n y a pas donc que les artistes qui constituent un danger latent, telle une bombe à retardement qui peut exploser d'un moment à l'autre ; sous conditions, bien précises, ils deviennent un outil à s'approprier pour agir sous ordres, le cas échéant, un peu partout à travers le monde, ils sont aliénés purement et simplement.

Chapitre : 28

Il n y a pas uniquement la lutte pour la survie mais pour avoir aussi un paradis sur terre ! L'envoi d'un prophète ou messager de Dieu a souvent été le cas d'une force majeur car il y a péril sur terre ayant pour conséquence l'anéantissement de tout un peuple, par exemple ; pour qu'untel asservisse ses semblables ! La vérité est parfois quelque chose qui se chuchote à l'oreille, non à clamer haut et fort.

……………………… ………………………… ……………………

On, est, nous autres êtres humains, sur terre, les hôtes du prince des ténèbres ; une utopie pour les uns ; une vérité absolue pour les connaisseurs. Mr. Agoun en connait un bout, pour avoir côtoyé des personnes des deux sexes, de véritables diables en chair et en os. Affectés, en effet, par tous les éléments qui entrent en contact avec notre corps, tout un travail psychologique en bonne et due forme, est susurré par les pivots de Satan. On use de paroles vibrantes et enivrantes à destination de gens ayant argent et sont en bonne santé ; de véritables ravages sont causée par ses derniers qui développent toute une autre approche que celle d'œuvrer sur le sentier du bon Dieu…

Chapitre : 29

Les saintes écritures traitent ce phénomène et lui consacrent tout un chapitre qui a pour titre : les poètes. Il est dit clairement qu'ils sont suivis par des entités, autres que des êtres humains, des écarteurs du droit chemin, les poètes, sauf ceux ayant eu la grâce divine, disent ce qu'ils ne font pas....Le cas de l'instrument hanté trouve ici toute son application. Cela se passe généralement de la même manière que lorsqu'il y a envoutement de personnes physiques servant de base de lancement pour tourmenter ceux et celles se trouvant dans les parages de celui qui porte ce génie en son sein. Toutefois, qui est, au juste, cette personne servant de centre d'accueil pour une entité non humaine ?

....

Etre neutre comme un suisse... est-ce que cela existe ? Impossible et cela se vérifie sur terre, chaque jour que le bon Dieu fait. Les uns sont complètement dans les vapeurs, pour être enfoncés jusqu'au cou dans le pêché, les rares moments où ils refont surface pour, peut-être, se poser des questions primordiales, qui ont trait à l'avenir de l'humanité sinon à leur personne en tant que telle, ils trouvent dans l'immédiat leur attention déviée par les tourments de cette existence. Ils y répondent parfois ? Sans aller au fond des choses, pour nager en surface d'un vaste océan mais limité, réellement, dans l'espace et dans le temps, du fait qu'un jour la terre s'arrêtera de tourner.

Chapitre : 30

Tout en grattant un instrument à cordes, la plupart du temps, si on ne répète pas une quacidat (poème) d'un autre âge, ayant fait son temps, donc plus en contact avec ce qui prévaut sur le terrain, après être nanti de quelques sous, et avoir eu une situation nouvelle, acquis le titre de cheikh (Maître) pour avoir interprété une célèbre quacidat, et lui avoir donné une touche particulière, ceux et celles ayant le verbe facile se mettent à chanter n'importe quoi, encouragé par un public ; mais à quelle classe sociale appartient ce dernier ?

Chapitre : 31

La théorie que s'est faite Mr. Agoun n'est pas de sa conception en totalité. C'est là le fait d'une longue recherche et puis l'étude d'un bouquin d'un auteur inconnu, qui traite du secret de la création divine.

Aujourd'hui les technologies nouvelles, pour les gens ayant une ouverture d'esprit, ont levé le voile, juste un petit bout, sur le fonctionnement du cerveau de l'être humain. Celui qui a conçu l'ordinateur est quelqu'un de vraiment exceptionnel. Il n'a fait qu'imiter cet organe essentiel de l'organisme, incarnation de l'âme, d'après certains savants. Le principe de base est juste jusqu'à une certaine mesure, mais de là à produire quelque chose de similaire ça reste du domaine de l'utopie ; le pc dernier cri n'arrive pas à la cheville du cerveau d'un nouveau-né, du fait que ce dernier est appelé à évoluer alors que la machine de conception humaine est toujours limitée quel que soit son étendue.

…………………… ……………………… ………………………

Le système de l'informatique présente un défaut majeur : des virus qui bousillent un programme en entier, installé durant un temps plus ou moins long. Le cerveau de l'être humain en est de même. Depuis que le monde est monde, la psychologie a toujours existée, elle est utilisée pour manipuler des individus et leur dicter leur conduite à des fins précises. Il y a même manipulation de foules à des fins politiciennes, pour semer les graines du bien ainsi que celles du mal. Découverte récemment pour être enseignée et utilisée dans différents domaines de la vie elle permet, entre autres, d'identifier un individu normal d'un autre sujet à troubles. Elle s'est élargie par la suite pour traiter certains cas ; on parle dans ce sens de psychotérapie.

……………… …………………… ………………………

A partir d'une simple petite idée bonne ou mauvaise il pourrait y avoir développement de toute une mentalité qui s'installe, parfois durablement, avec le temps cette idée peut être captée à partir du cosmos ou de la bouche d'un tiers qui lâche un mot lors d'une discussion, elle pourrait être travaillée et utilisée dans un but déterminée. Elle pourrait faire l'objet d'une synthèse qu'effectue le cerveau lors du repos, généralement la nuit durant le sommeil. Mais qui sont ces gens, des deux sexes, appelés manipulateurs ? Etc.

……………………………   …………………………   ………………………

Situés aux deux extrémités de l'humanité, pour avoir acquis un juste petit bout d'une culture universelle, une arme à double tranchant, sans une conscience qui prend appui sur la religion et la morale, une personne devient nuisible au commun des mortels.

Chapitre : 32

Un interprète devenu chantre populaire, se situe d'un côté ou de l'autre, en marge de la société, du fait, qu'il mène une vie exceptionnelle pouvant produire un effet sur autrui.

Agissant à la lumière des écritures saintes, il devient un guide et une référence à consulter pour arriver à bon port ; le cas contraire il est l'avocat du diable.

……………………… …………………………… …………………………

Il est donc question de quelque chose qui ressemble à un envoutement collectif ; ce n'est là qu'une thèse avancée par Mr. Agoun, à prendre avec précaution en mettant des gants. Et il appuie ses dires par le fait que nous humains nageons en surface d'un vaste océan qui renferme dans ses profondeurs des formes de vie, inconcevables, pour ceux utilisant le simple bon sens. Mis devant le fait accompli, Mr. Agoun n'a de choix que de choisir son camp.

Chapitre : 33

Sans défaut aucun Mr. agoun aurait pu, peut-être, semé la pagaille au sein d'une société en perte de repères. Il aurait chanté tout ce qui flatte les sens ; inciter ceux et celles qui voudraient lui prêter une oreille attentive à ses divagations pour s'amouracher d'un passage, genre pont, qui mène à une vie dans l'éternité. Son bégaiement lui a donné matière à réflexion. Très longtemps après avoir retrouvé son instrument, il a observé un silence religieux. Repu, l'envie de chanter lui est passée. Par moment, incroyable mais vrai, il lui arrive de regretter cette science qui lui est tombée sur la tête. Des moments de sérénité, qui ont tendance à revenir fréquemment, lui apportent la ferme détermination que c'est là une rare chance de conserver une purification spirituelle pour être récompensé le jour de la résurrection auquel il croit fermement.

Fin

Les mentalités

Avant-propos :

Très difficile est le changement d'une mentalité. On parle dans ce cas précis de développement ou régression. Il y a mutation ou métamorphose d'un individu que les membres de son entourage ne le reconnaissent plus. Certains d'entre eux refusent de l'accepter comme tel et opposent une résistance, tentent même de l'aliéner. D'autre, ayant, peut-être, l'esprit plus ouvert, font ou essayent de faire comme la connaissance d'une personne étrangère. De ce fait, il y a une sorte d'embarquement pour une aventure qui réserve bien des surprises. Ils prennent un grand risque, perdre ou gagner. Ce changement, dans un sens ou dans un autre, a la particularité de mettre fin à une routine.

Mauvais, s'il y a acceptation, tout contact produit son effet dans l'immédiat sinon à moyen ou long terme.

----- il m'a ouvert les yeux sur un monde jamais imaginé auparavant, déclare untel, pour avoir côtoyé un individu ayant subi une refonte de son état d'esprit.

Désormais, on appréhende la vie sous un autre angle. Certaines craintes, de problèmes qu'on rencontre au quotidien, s'effacent d'elles-mêmes pour avoir épousé sa thèse ; la vie deviendrait, à vue d'œil, plus facile. D'autres craintes sortent comme du néant ou refont surface d'un lointain passé.

Situation sans repos, il y a atteinte d'un but qui cesse d'en être un pour laisser place à un autre qui se dessine dans un lointain horizon. Mais, qui sont les critères et prédispositions pour un quelconque changement de mentalité ? Et qu'est-ce qui caractérise une situation géo stationnaire, de routine, où les jours se suivent et se ressemblent à l'infini ?

Introduction

Il n'est pas question de mentalité proprement dite que lorsqu'un individu recouvre son indépendance. Trop longtemps, on savoure le fruit d'une réussite pour avoir exécuté à la lettre les recommandations, ordres, d'un parent ou tuteur. On essuie échec et on subit humiliations non voulues de notre propre chef pour avoir suivi aveuglement un troupeau ou le chef d'une file. Ayant un lien très étroit avec l'intelligence, les dures lois de l'existence ou une certaine aisance, permettent de se tailler une brèche pour suivre un chemin droit ou sinueux sur l'autoroute de la vie. Une fois, une barrière psychologique franchie, on y pose pied pour fouler le sol ; on y entre à vélo ou sur une bête de somme ou à bord d'un véhicule. On a toute le temps nécessaire, si notre séjour a tendance à s'étirer, pour se forger une personnalité quelconque qui nous différencie des autres, nos semblables de corps avec un autre état d'esprit.

Tout au long du chemin emprunté, on perd chaussures pour continuer pieds nus ; on en met d'autres plus confortables et mieux appropriés qui tiennent vraiment la route. Cela va de même en ce qui concerne des gens mieux ou mal lotis que nous.

On pense peu ou longtemps qu'il y a de grandes ressemblances entre membres d'une communauté jusqu'au jour où notre égo s'entrechoque avec un autre. La situation permet une nette distinction surtout lorsqu'il y a un intérêt en jeu.

Malade et autre en bonne santé ; pauvre et riche ; savant et ignorant ; lettré et analphabète etc. ont-ils une même mentalité à quelques nuances près ? La foi ou son absence, est-elle pour quelque chose ? Pourrait-on parler de mentalité au féminin et d'une autre au masculin, complètement à l'opposé l'une de l'autre ou bien telles des sœurs jumelles ?

Chapitre : 01

Enfants, nous avons une idée vague sur le monde qui nous entoure. Encore moins se faire une idée quelconque ou précise. Entièrement à la charge d'un parent ou tuteur, il nous tient la main et nous fait visiter différents endroits. Différents paysages défilent devant nos yeux. Des sons parviennent à nos oreilles. On fait de notre mieux pour maitriser un langage dont usent les membres de notre entourage au quotidien. On se surpasse même. On ne se lasse pas de poser des questions qui agacent ce parent confronté à des problèmes que nous ignorons tout de leurs natures.

La qualité de l'éducation dispensée y est pour beaucoup de choses pour chercher à nous libérer et prendre notre destinée en main, surtout lorsqu'il s'agit d'évoluer sous le joug d'un parent oppresseur.

....

Lorsqu'il y a dépendance d'un tiers, la machine à penser est au repos forcé : cas d'enfance ; de détention ; de colonisation etc. n'empêche que l'esprit rumine intérieurement. Il échafaude un tas de projets et élabore des stratégies, lesquels restent un veux sans plus, pouvant être oubliés sinon remplacés par d'autres et ainsi de suite. Mais pas tout le monde qui fait ça, les uns peuvent se montrer passifs, ou actifs en gesticulant. D'autres, font tout pour montrer une soumission totale jusqu'à la dernière minute avant de passer à l'action. Ces états de fait sont qualifiés, entre autres, d'attitude face à.......... ; de comportement ; de caractère ; de nature spécifique à untel etc. le tout entre dans ce qui est désigné communément de : mentalité..

....

Connaissons- nous les uns les autres ? On est en mesure de passer une vie entière avec quelqu'un, sous un même toit, à partager le même lit, sans pour autant avoir une idée claire sur sa personne, hormis certaines choses qui flottent en surface d'une mer immense.

Partout où on met les pieds, on fait le constat, après un temps, de certaines réalités cachées, par des paroles douces, de larges sourires, certaines confidences à propos d'un autre collègue de travail, par exemple, un chef de ...etc.

Par la suite de cela, une prise de décision s'impose d'elle-même quant à continuer d'avoir des relations avec untel ; les limiter autant que faire se peut, ou les rompre tout simplement.

Chapitre : 02

Dans la transparence totale, certaines personnes affichent une grande partie, comme dans une vitrine, qualités et défauts. Ils s'embarrassent peu des réactions des autres : je ne suis pas un être parfait, qu'ils disent et qui d'ailleurs l'est.

A une certaine étape de leur existence, des individus renfermés sur eux-mêmes ouvrent leur cœur à autrui telles des portes béantes.

Inconsciemment, peut-être, ils ont envie d'enrichir leurs connaissances par l'apport des expériences de leurs pairs. Par la suite on adopte partiellement ou totalement les idées des autres. On est ébahi, émerveillé durant un temps avec la possibilité d'un retour imprévisible à la case de départ pour renouer avec les valeurs d'antan. On se dit qu'est- ce qu'elle a ma langue maternelle ; ma

culture, celle de mes ancêtres ?

Si défaut, il y a, il est surtout lié à un manque d'assurance de soi ; de volonté et puis un délaissement total d'un produit purement local au profit de quelque chose comme un fruit exotique.

……………………………… ……………………………

………………………

La façon de se tenir debout ; de marcher ; de s'exprimer en usant de propos ordinaires ou expressions retentissantes etc.

Les vêtements, leurs couleurs, que porte une personne, qu'elle soit adepte de la propreté ou sale à ne pas décrire ; toujours rasée de frais ou souvent avec une barbe de plusieurs jours etc. cela souligne, on ne peut mieux, un petit bout de ce qu'elle enfuit dans sa petite tête. Toutefois, on n'est jamais sûr que tel comportement a pour assise une cause, laquelle en disparaissant laisse place à une autre vision, d'autres buts.

Chapitre : 03

On parle d'âge mental comme un instrument gradué de : O à 12 ans, qui pourrait être atteint de l'âge adulte, sans limites jusqu'à la dernière heure vécue sur terre. A ce stade-là, les grandes lignes liées à notre évolution d'un point à un autre, sont normalement acquises par peu d'individus masculins et féminins, des gens privilégiés, pour lesquels s'ouvrent d'autres horizons. Il serait, entre autres, de parfaire une œuvre, que les autres membres de la communauté auront le plaisir et le loisir de juger sa valeur. Les autres retardataires, dans une espèce de semi inconscience, continuent leur progression plus ou moins lente, marquée par de légères pauses ou mettent carrément leur tacot sur voie de garage.

………………………… ………………………… ………………………

Mentalité ? Il est beaucoup plus question du contenu de la jugeote, de sa qualité voire de son utilité que de l'entité qui la porte en son sein. Cependant, l'effet produit est apparent sur le physique d'une manière générale pour des individus normaux qui passent par des étapes et suivent un cours normal d'évolution psychologique. Avec ses premiers balbutiements au sortir de l'enfance, on la décèle tout au long de l'adolescence, pour être d'une manière très significative à l'âge adulte. Des cas spéciaux qui dénotent une mentalité hors paires, cas d'individus lumières, est souvent le résultat de qualités innées et puis une éducation exemplaire dispensée par des parents, entre autres, conscients de ce qui prévaut sur le terrain et soucieux de l'avenir de leur progéniture.

……………………… ………………………… ………………

La mentalité a la particularité d'être une conception et une certaine vision de la vie. Elle est individuelle, singulière, qui se ressource au près d'une culture qui prévaut au niveau d'une communauté déterminée, d'une race d'homme, d'un pays. A quelques exceptions près, le connaisseur et plus particulièrement un spécialiste arrive facilement à situer untel dans l'espace et dans le temps.

Chapitre : 04

La mentalité peut être comme une programmation, du cerveau d'un individu. Les opérateurs qui agissent dans un sens ou dans un autre sont multiples. Le sujet en question est assailli par une infinité d'informations dont il n'a aucune idée précise au départ. Il enregistre sons et images, et puis ses parents et autres membres de la famille lui parlent, gesticulent pour mieux faire passer leur message. Petit à petit, une image floue commence à s'éclaircir et prendre une certaine valeur dont lui est le juge. Plus tard, au sortir de l'adolescence, il n'a de choix que de solliciter son indépendance. Mais quel chemin suivre ? Tout dépendra de la quantité d'informations emmagasinées, de leur qualité et puis d'autres facteurs qui entrent en jeu.

....

La mentalité permet l'adoption d'une conduite, un comportement d'un individu imbu d'informations dont les autres membres de la famille ignorent tout des tenants et ne voient qu'une infime partie des aboutissants qui se manifestent lors de certaines circonstances. Réactions, par exemple, suite à quoi il est qualifié à la longue de :......, appartenant à une catégorie de personnes bien déterminée. A tort ou à raison, en l'absence d'un fin connaisseur ou spécialiste en la matière, des erreurs fondamentales sont commises sur le compte d'individus sains d'esprits et autres fous à lier.

....

On pense agir dans le bon sens ; les autres membres de la société, de par leurs remarques, jouent le rôle de miroir, mais il est recommandé de prendre leur avis en mettant des gants ; avoir à l'esprit que tous ne sont pas de bonne foi ; de l'existence d'individus jaloux, des envieux amateurs de statut quo qui refusent tout changement.

Chapitre : 05

Les mentalités évoluent avec le temps et les moyens qu'offre une nouvelle situation de bien- être. Sciences et technologies permettent une certaine ouverture d'esprit et lèvent le voile sur un tas de réalités dissimulées par l'ignorance. En apparence, peut-être, tout le monde suit le cortège du progrès de leur propre gré, d'autres sont forcés de le faire en attendant le moment propice pour fausser compagnie à leurs pairs. Il y a de ce fait comme quelqu'un qui affiche un large sourire alors que le cœur n'y pas ! Ce genre de fait arrive souvent dès qu'il y a changement de situation, des intérêts en jeu.

....

Et puis il y a différentes manières pour exprimer son adhésion à un tel projet ou mouvement de foule sinon son désaccord. Une personne est trahie par ses propres propos. Le ton adopté par un intervenant lors d'un débat ; sa façon d'articuler ses mots ; une suite dans les idées ou bien la recherche de qualificatifs appropriés à un quelque chose avec des interruptions qui ponctuent un discours qui finit par lasser les participants, dénote, on ne peut mieux, entre autres, le peu d'intérêt accordé au sujet à développer, encore plus, le manque de sérieux affiché alors que la situation, par exemple, est des plus graves. Les autres participants, qui suivent avec intérêts un discours qui se tisse par le moyen des mots, accrochés aux lèvres de l'intervenant, parmi eux, à un moment donné, certains commencent à avoir du doute quant au bien-fondé de ce qu'il avance ; lui, au contraire, suit une logique bien déterminée, propre à sa personne, afin de parvenir à un but précis. Murement réfléchi, son projet en tête, a fait l'objet, d'un travail, peut-être, de longue haleine, imbu d'une idéologie qui a comme siège une mentalité qui lui est propre.

....

Chapitre : 06

La mentalité, un état d'esprit que se fait tout individu par le moyen d'un travail intellectuel. Il y a d'abord des informations recueillis d'un peu partout, sons et images, emmagasinés pour être utilisés au besoin. Propre à tout un chacun, il n'y pas d'échappatoire pour s'en faire une, bonne ou rétrograde. L'éducation ; l'enseignement ; l'intelligence, en bref toutes les choses de la vie y sont pour son installation pour un temps plus ou moins long, quelques fois pour toujours. Il se produit comme une étincelle dans le cerveau, une idée est interceptée ou prend naissance en son sein comme par hasard ou bien ayant fait l'objet d'une recherche afin de solutionner un problème. L'individu utilise son idée, nouvelle, à titre d'essai pendant un premier temps. Montrant des signes d'efficacité, elle est adoptée d'une façon définitive, jusqu'à réception d'une autre ouvrant d'autres horizons pour parachever une œuvre ou bien annuler celle qui l'a précédée et prendre sa place.

………………………… ………………………………… …………

Il arrive parfois qu'un individu prenne une décision d'agir dans un sens, sans trop y réfléchir, il prend parti avec untel. Plus tard, la nuit en se mettant au lit, la nuit porte conseil, son cerveau se met au travail pour revoir ce qu'il a fait. Tout un passé est alors revisité. Il part loin dans le temps faire un voyage, peut-être, jusqu'à sa tendre enfance. En remettant les pieds dans sa chambre, il n'est plus ce qu'il était, il y'a de cela dix ou quinze minutes. Mais cela ne va pas s'arrêter à ce stade -là, qu'il va y avoir comme la conception de tout un programme d'actions qui inclus cette nouvelle vision en s'inscrivant dans la continuité. De facto certaines informations deviennent comme obsolètes, d'autres seront consolidées par le moyen d'autres éléments.

…………………………….. ……………………….. ……………….

Parler de mentalités serait, entre autres, de faire des recherches en ce qui concerne le fonctionnement du cerveau de l'être humain. Plus sophistiqué qu'un ordinateur dernier cri du fait que cette machine a été conçue par un humain, le cerveau fonctionne selon plusieurs logiques qui s'adaptent à toute les situations que vit cette entité qui le porte en son sein. Il a d'énormes capacités, et l'essentiel est de tirer le maximum de ce qu'il peut faire. Les exemples dans ce sens ne manquent pas. Depuis l'âge où la pierre était taillée pour servir d'outil, on voit nettement la conquête des mers et du ciel, uniquement pour avoir fait appel à ce cerveau. Toutefois, cette mentalité qui s'inscrit dans le temps ne peut être assimilée à une simple chaine composée de ''N'' anneaux, mais à un grand édifice dont chaque idée eue par un moyen ou un autre est à même de servir comme matériau essentiel, ciment ou liant, et plus encore : une ossature pour la construction d'un nouvel étage.

Chapitre : 07

Le corps humain, quoi que composé de plusieurs organes tous concourent pour le bien-être de cet organisme. Le cerveau en fait partie et constitue l'essentiel. C'est un muscle qui diffère de ses pairs par sa couleur (matière grise) et puis par la nature du travail qu'il exécute. Des éléments propulseurs d'ordre divers le mettent en marche. La vitesse a son pesant d'or si elle est maintenue dans le temps. Certes, le cerveau peut rester longtemps à couver des projets lesquels s'ils éclosent sont susceptible de bouleverser les connaissances et secouer l'univers. Sans aucune utilité, on porte une tête, une jolie tête qui embellit les épaules sans plus. Esprit simple veut dire, entre autres, cerveau peu développé, au stade primaire. Le contraire constitue un grand cerveau, de par son poids et sa nature en activité permanente.

....

Instinct de conservation ; une certaine connaissance accumulée au fil des années : la foi en un Dieu clément et miséricordieux ; un sentiment d'utilité etc. mettent le feu aux poudres pour un démarrage d'activité du cerveau. Ce désir d'aller de l'avant prend les commandes à ce niveau. L'individu se tape le front, pointe un index interrogateur sur sa tempe, généralement la droite. Le service du magasin où sont stockées les informations relatives au sujet à traiter, le problème à résoudre, lui parviennent des images et sons qu'il superpose sur celles et ceux déjà vues et entendus. Des archives vieilles comme le monde sont dépoussiérées et revues au peigne fin. Un résultat est toujours obtenu qui débute avec une idée vague susceptible d'être améliorée, elle va servir de plate- forme pour la construction d'un nouvel étage ; plusieurs opérations de ce genre constituent ce qu'on appelle une mentalité.

....

L'être humain, un être sociable, il ne peut se suffire par lui-même. Le recours aux autres, ses semblables, lui est d'une grande utilité, un réconfort moral pour continuer sur une voie empruntée sur conseils et recommandations etc. des propos sans plus constituent déjà la fondation d'une mentalité ô combien utile si elle vise le bien-être. Le repli sur soi de façon à être coupé des autres met l'activité du cerveau en veilleuse, avec le temps l'écart se mesure en année lumière pour avoir un handicape à même d'aliéner un individu.

Comparativement à une eau stagnante, cet individu remâche à longueur de journée les mêmes propos, sa mentalité est comme l'eau d'une mare laquelle tend à dégager des mauvaises odeurs de pourrissement d'eau usée. On parle dans ce cas bien précis de mentalité rétrograde.

....

Esprit malade d'individu dérangé, de sujet à troubles, ayant coupé les ponts avec la société au sein de laquelle il existe de par le corps seulement. Dans cette optique, on rencontre des gens avec différents niveau de mentalité au sein d'une communauté donnée. Les sujets de conversations qu'ils animent se limitent parfois à boire et à manger. Pris comme dans étau, ils imaginent mal sortir d'un circuit fermé et contaminent par leur comportement qui prête à équivoque leur progéniture et autres mis sous leur coupe.

....

Mentalité veut dire, entre autres, appartenir à une classe donnée : ouvrière ; moyenne ; crème de la société ; riche industriel ; paysannerie ; artisan etc. pour diviser la société par secteur d'activité. Le mieux serait de simplifier ces opérations à leurs plus simples expressions et dire ainsi : il y a des gens riches et autres qui n'ont pas le sou. Toutefois, au sein de ces deux grandes classes, les mentalités diffèrent d'une personne à une autre. Un facteur essentiel joue un rôle déterminant à moyen ou à long terme : la science et son contraire l'ignorance.

Chapitre : 08

Science et conscience veulent dire lumière ; ignorance et inconscience ressemblent à une nuit sans lune et sans étoiles. Science consciente engendre richesse et prospérité ; ignorance inconsciente engendre pauvreté, et vice versa. La nature a horreur du vide, et son évolution s'inscrit dans le mouvement des actions surtout celles qui sont louables.

Toute situation de bien-être qui perdure a un fondement solide, une mentalité que développe un cerveau bien équilibré qui agit selon une logique scientifique susceptible d'être reproduite à chaque fois qu'il y réunion de plusieurs éléments de base à toute évolution.

Une situation de misère sans nom est, parfois, le produit d'une absence d'équilibre ; de non suite dans les idées. On attribue à tort une mentalité à une personne qui n'en développe aucune. Cela induit une inconscience et une rupture avec le reste du monde pour errer dans un circuit fermé. S'en sortir de ce ghetto serait comme faire peau neuve et se forger une autre personnalité.

....

Comme cité précédemment en ce qui concerne le concours de l'ensemble des organes du corps, pour son bien-être, de sorte que chacun a un rôle à jouer et qui complète celui des autres. On n'a pas idée précise de son importance ni de ses limites exactes que lorsqu'il y a déficience et ce qui découle de cette dernière

En ce qui a trait au cerveau d'une manière spécifique, on parle à tort ou à raison d'un tas d'états d'esprits desquels découlent :

------ des réactions imprévues ;

----- d'attitudes observées face à un événement qui a lieu une fois par hasard ;

----- de faiblesse devant un plus nanti que soi, le sexe opposé ;

---- goûts et préférences ;

---- sentiments démesurés etc.

On parle aussi de personnalité forte ou faible ; caractère bon ou mauvais, qu'on désigne à l'aveuglette. On nomme la mentalité et on lui attribue un qualificatif quelconque, Sans pouvoir définir ce qu'elle est exactement.

Chapitre : 09

Pour parler mentalités, il faudrait peut-être, monter trop loin dans le temps jusqu'à la plus tendre enfance. Revoir les premières images de la vie lors de la prise de conscience de notre existence. Les premières idées se sont formées, à cette époque, vagues et imprécises. C'était beaucoup plus question d'une quête d'un maximum de savoir en ce qui concerne un endroit où a chu du sein de notre génitrice. Les informations ont été glanées çà et là sans vouloir vraiment, elles sont restées comme tapies dans un coin de notre mémoire. L'âge et puis certaines circonstances font qu'un jour une prise de décision d'agir de notre propre chef s'impose. Nous mettons un premier pas dans le monde des adultes. Pas très sûr de nous-mêmes ; une occasion inévitables pour tester la fiabilité de ce qu'on a fourré dans notre sac. Une mentalité précoce qui loge dans un camp de toiles, secouées au moindre mouvement dans l'air, ne fera surement pas long feu.

……………………… …………………………… …………………

Sauf complications graves, avec un peu de volonté et du bon sens, après hésitations, on suit un itinéraire qu'on estime être meilleur pour nous mener à un bien être ici- bas. On croit à l'existence d'un au-delà ? Cela aura un impact sur le cours de notre vie ; le contraire aussi. En contact avec un environnement qui n'est pas toujours stable ; en confrontation avec d'autres personnes, notre conduite sera revue et corrigée à plusieurs reprises. Le but recherché étant une tentative d'adaptation, et cela n'est pas du tout facile….. ; ce qui explique les échecs répétés et le peu de réussites.

………………………… ………………………… ……………………

Toujours à la recherche d'une situation stable et d'avenir, dans un monde en perpétuel mouvement… ! Il arrive à certains individus de changer de conviction comme on change de chemises. Tout le monde dit être dépassé par les événements, ne sait plus où donner de la

tête ; on gère une situation comme au service des urgences au niveau des hôpitaux. Des problèmes graves de santé se posent du jour au lendemain avec acuité. Stress ; nervosité ; diarrhées etc. sont les maladies du siècle. On n'a pas ou peu de temps et de loisir pour développer des idées en dehors d'une place au soleil à acquérir, un standing de vie à préserver. La mentalité de tout un chacun, à quelques exceptions près, arrive à péremption avant de voir le jour, une mentalité mort née.

Chapitre : 10

Autrefois, la vie sur terre était simple pour tout un chacun, facile à mener d'un bout à l'autre. Peu de monde éparpillé aux quatre coins du globe. En voulant avoir plus ; aller plus vite ; diminuer des efforts, inutiles ; vivre plus longtemps ; avoir une progéniture nombreuse pour assurer sa descendance etc. la philosophie, mère des sciences a vu le jour. S'en est suivi une technologie ; une industrialisation dans tous les domaines. Il y a eu division de la population mondiale en états développés et d'autres qualifiés de tiers monde. Déjà au niveau d'une famille quelconque, les enfants, issus de même père et mère, développent des mentalités différentes ; les goûts et les couleurs ne se partagent pas. Que dire alors, des membres d'une communauté, d'une nation ? Y'a-t-il une comparaison à faire entre un citoyen civilisé et un autre qui traine la patte au moyen âge ?

A un moment donné de l'histoire, ceux appartenant à des nations civilisées ont, peut-être, assimilé leurs semblables du tiers monde à des quadrupèdes sans plus ; ils se sont fait une mentalité qui leur a dicté de les asservir.

....

De ces colonisations des hommes de couleurs par les blancs de peau ; ceux du sud par ceux du nord, ont découles des travaux de recherches ; de nouvelles visions en ce qui concerne l'évolution sur terre de la race humaine. Peu à peu s'est opéré un changement des mentalités dont l'aboutissement a été un simple retour à l'envoyeur de toute une race venue de l'autre côté des mers prendre possession des terres d'une autre race d'hommes. De cet état de fait, toute une population a été induite en erreur par une compagnie minière à la recherche d'un minerai ; de l'or ou du pétrole dont le patron a sollicité le service d'un chef de guerre en quête d'aventure. Monts et merveilles ont été promis à des petits peuples rêveurs de faire fortune ailleurs, une sorte d'Eldorado ! Il y a eu un travail intense pour appâter des citoyens célibataires, des chefs de familles et autres pour leur inculquer une autre manière de prospérer. Ceux et celles ayant suivi conquérants et chefs de guerre, parmi eux certains ont vite déchanté en prenant possession de terres des autochtones. Tous se sont fait une mentalité en prenant connaissance de ce qui évolue sur le terrain. Une partie a fait le choix de rentrer au bercail bredouille, une autre a préféré tenir bon un bien tombé du ciel, et puis le défendre.

…………………………… ………………………… ……………………

Les populations des pays qui ont été colonisées elles aussi se sont fait des idées nouvelles jamais imaginées auparavant. Pour pouvoir chasser les occupants, toute une mentalité collective constituant une sorte de culture qui a plongé ses racines au sein de la société profonde. Révolution ; guerre, lutte armée etc. ont duré parfois très longtemps. A un moment précis, avec les arrestations, les tortures, la peur, la fatigue etc. ont fait comme dissipé une brume porteuse d'espoir qui enveloppait les têtes des insurgés. Il y a eu des individus qui se sont rétractés, d'autres qui sont passés sous le drapeau de l'ennemi, et puis ceux qui ont préféré s'exiler estimant que c'est là une guerre qui n'est pas la leur. Tous ont obéi à une logique ayant comme base une mentalité quelconque.

Chapitre : 11

Tout un chacun au cours de son existence passe par des étapes successives, la mentalité, dans bien des cas, si elle n'est pas la cause principale en est la conséquence logique. Tout changement de situation, dans un sens ou un autre, donne matière à réflexion.

Doucement mais surement, on va vers un nouveau statut. On appréhende l'existence comme à travers une baie vitrée qui déforme plus ou moins les choses ; trouble la vision ; cache l'essentiel au profit des couleurs qui flattent les sens. Nouvelle situation implique nécessairement nouvelles idées, ouverture ou fermeture d'horizons, et puis une mentalité qui s'installe en tenant compte de la nouvelle donne. L'essentiel, dans tous les cas de figure, serait le refus de la fatalité qui laisse penser qu'on arrive à chemin sans issue, ou estimer que désormais tout nous y permis.

....

L'âge adulte ; situation familiale ; maladie ou santé ; richesse ou pauvreté etc. à chacune de ces situations correspond une mentalité qui accompagne le sujet en question, et il ne peut y avoir changement de cap que s'il y a interception et adoption de nouvelles idées. Tout en cherchant à avoir un plus, une ouverture sur d'autres horizons, une situation plus ou moins stable, on est susceptible de se tromper ou d'être induit en erreur, à tort ou à raison par un tiers. On fait un bout de chemin et puis un doute nous assaillit. Des signes révélateurs, au fur et à mesure qu'il y a progression, attestent un fourvoiement certain. Les réactions des uns et des autres diffèrent pour changer complètement d'itinéraire ou apporter une quelconque rectification. Quoi qu'on fasse, il y a nécessairement travail de l'esprit qui pèse le pour et le contre. On n'est pas un être parfait, et le recours aux expériences des autres, faire appel à l'assistance par un tiers n'est pas une fatalité. Le problème, le vrai, se pose lorsqu'on baisse les bras ; là il y a une régression et puis l'individu essaye parfois de fuir la réalité ou de se donner un faux justificatif à un échec. La pire des choses serait de mentir à soi et faire passer ce mensonge pour une vérité !

Chapitre : 12

Qu'en est-il de la mentalité d'une personne timide ? Sans l'ombre d'un doute c'est quelqu'un qui est très loin de la réalité qui prévaut sur le terrain. La plupart du temps, il est renfermé sur lui- même pour avoir été mal informé à tort ou à raison. Une personne timide voit et entend ce qui se passe autour d'elle et son mal a pris naissance dans sa tête dès sa tendre enfance. A défaut d'avoir, ne serait- ce, que l'idée d'analyser le comportement des autres, il imagine tout un monde qui leur est propre. Une personne timide a son contraire celle qui n'a pas froid aux yeux. Issue d'un milieu, généralement, à l'abri du besoin, cette dernière a la particularité d'avoir été choyée et continue à l'être par des parents qui l'adorent. A l'opposé du timide, le hardis se croit un être supérieur et développe une mentalité en mesure de tenir la route très longtemps. Mais, cela a toujours une limite et le risque est choquant.

....

Chaque entité de la race humaine est un cas particulier qui traine dans son sillage toute une histoire qui a commencé à sa naissance pour être close avec les dernières bouffées d'air introduites dans ses poumons. Tout ce qu'il enregistré dans son cerveau fait de lui une personne en dehors de son nom ; un membre d'une famille, d'une communauté, d'une nation. Ce qui lui est propre, ce sont ces actes. Pour les connaisseurs ou spécialistes, ce sont là une partie infime d'un tout. De simples ouvertures sur un monde caché, à condition que ces actes se répètent.

....

Un être humain est un être complexe. Nantis d'un cerveau qui lui confère une certaine supériorité par rapport aux autres créatures vivantes. Ce cerveau, une machine à penser, qui a secoué le monde par des avancées technologiques et un savoir. Néanmoins, la pensée qu'il développe, obéissant à des logiques données qui incluent des causes et des conséquences, pas très fiables à cent, pour cent pour des raisons diverses, sont faussées par l'introduction comme dans un système informatique, de virus, en l'occurrence : les sentiments !

Chapitre : 13

Qu'est- ce qu'un sentiment et quel est son effet sur le comportement d'un individu ? Le sentiment quel qu'il soit marque l'existence d'un être vivant en général et l'être humain en particulier ; on vit à travers nos sentiments de ; bien être ; la peur ; l'angoisse ; la joie ; la déception ; le réconfort etc. c'est là des formes de manifestations qui émanent d'un organe qui palpite, entre autres, lorsque le corps se trouve en contact avec la nature qui nous entoure.

Que serait notre existence sans sentiments ? Semblables à des machines, aptes à exécuter des programmes d'actions sans mettre du cœur à l'ouvrage ni excès de zèle, encore moins rivaliser avec les autres. Il pourrait être question de nourriture à absorber et des liquides à boire sans avoir idée de leur saveur. Mais pourquoi imaginer l'inconcevable ? Un être vivant jouit et souffre, sans ça, il meurt. Toutefois, la conscience doit intervenir pour tenir bride à un organisme en folie.

…………………… ………………………….. ……………………

Un sentiment, un vrai, serait, par exemple, d'être transporté par quelque chose qui élève l'esprit, d'être utile, égaler untel scientifique ou savant etc. à ne pas confondre , absolument, avec des simples sensations qui ne font pas long feu, comme celles qui invitent à la débauche, assouvir un désir passager. Dans cette optique, il doit y avoir une gestion en bonne et due forme de tout qui chatouille les sens. Se poser constamment la question : à quelle fin utile cette envie de faire ceci ou cela fait vibrer le corps de la tête jusqu'aux pieds ?

Et puis, il y a toujours une priorité quelconque pour un avenir à

construire.

…………………………… …………………………… ………

Question sentiments, il y a des individus très sensibles, très émotifs, qu'un rien les touche au plus profond de leur être. D'autres le sont moins. L'exemple de la vie en couple, homme et femme, illustre on ne peut mieux cet état de fait dans le but de situer le sentiment à la place qui lui sied et faire la part des choses. Les dures lois de l'existence font durcir un tant soit peu le cœur. L'homme, masculin, de par sa constitution physique est mieux adapté aux travaux manuels. Au sein de toutes les sociétés, il est le premier responsable de la famille. Appelé sexe fort, la lourde responsabilité de pourvoir aux besoins des membres de la famille incombe à lui. La femme, même si elle travaille, plus instruite que son époux, et peut-être mieux rémunérée, l'idée d'évoluer sous tutelle est inscrite dans son cerveau. Confronté à des problèmes de tout genre au quotidien, l'homme fait appel à une logique qu'il développe en faisant une sorte d'analyse rigoureuse des difficultés rencontrées. La femme, d'après des études faites par des chercheurs, tout son raisonnement repose sur l'affectif.

Deux entités unis pour le meilleur et pour le pire jusqu'à ce que la mort les sépare, l'une complète l'autre pour avoir un être presque parfait. Ne dit-on pas douce moitié lorsqu'il s'agit de la femme ?

Chapitre : 14

Se faire une mentalité sur la base d'un sentiment quelconque ressemble beaucoup à une illusion. Il suffit parfois de trouver une belle personne, cas de projet de mariage, sinon riche, pour lui attribuer d'autres qualités qu'elle n'a pas ; on cherche à se donner une raison qu'on n'a pas. Cacher la vérité aux autres peut passer, dans une certaine mesure, toute une mentalité est développée par des gens appartenant à une certaine classe, qui ont bien compris et n'agissent pas à la légère. La question liée à la vérité et au mensonge est très peu abordée par les spécialistes qui étudient la vie en société.

La plupart des parents inculquent à leurs enfants de dire la vérité et ne mentir point. Toutefois, ils omettent de définir ce qu'est le mensonge et le situer dans ses limites appropriées. Un citoyen de son état a sa vie privée voire intime, et cela sert à quoi de crier sur les toits ce qu'on a en son compte en banque ? Le mensonge, le vrai, serait, entre autres, d'accuser un individu innocent de vol ou de crime, par exemple.

....

Des individus qui mentent comme ils respirent pullulent un peu partout au sein de toutes les sociétés. Apprendre à mentir devient toute une culture avec ses lois et ses règles.

Un état maladif qui consiste à vouloir se donner de l'importance ; se faire passer pour quelqu'un de gentil, de riche ; on s'attribue des qualités ; on parle d'une fortune qu'on ne détient pas etc. a pour but parfois l'escroquerie. Ainsi, dans tous les cas de figure le comportement a pour base une conscience et une mentalité à définir.

....

Il n y a pas de meilleur façon de se comporter que d'observer la discrétion. Cela évite pas mal de problèmes. Mais cela n'est pas à la portée de tout un chacun. Très jeune, un enfant, se surpasse pour apprendre à user d'un langage propre à une communauté. Plus tard, chaque patois ; chaque parler d'une nation, élargit son champ d'action, de personne désireuse de se cultiver. Plus la maîtrise d'un langage est parfaite, et plus l'information passe comme une lettre à la poste. Beaucoup plus tard encore, après bien des échecs et mésaventures, le silence devient une sorte de refuge afin d'éviter un tas d'ennuis. Cependant, il faudrait reprogrammer sa machine à penser et apprendre à se taire.

Sans avoir constitué une mentalité qui inclut les faits et les gestes d'une importance capitale soulignant un comportement, des gens avec qui nous avons à découdre, accomplissent des actes bien réfléchis ; alors pourquoi ne pas adopter un tel comportement ?

Chapitre : 15

La mentalité c'est comme quelque chose de propre à l'être humain. Il y a autant de mentalités que d'individus sur terre. Néanmoins, ce qui évolue sur cette dernière obéit à un système binaire : qu'il y a deux yeux, deux oreilles, deux mains et deux pieds Il y a toujours le bon et le mauvais et il est même très difficile de faire la distinction entre eux dans bien des domaines. Toutes les mentalités ont au moins un élément commun sinon plus. Comme en arithmétique, on pose le problème de deux ensembles : A et B qui comptent chacun "N". N1, par exemple appartient à A ; N3 appartient à B. N4 ; N6.

N12, appartiennent à A et B. Ainsi, nous sommes tous classés dans

l'un ou dans l'autre des deux ensembles A ou B de par notre comportement, et il est facile de nous situer par nous-mêmes et puis user, peut-être, d'un qualificatif propre.

En ce qui concerne les mentalités qui se caractérisent par des paroles et des actes, on trouve, par exemple, une conception de l'existence par les uns comme suit :

----- ne pas voir plus loin que le bout de son nez ;

----- vouloir, dans la mesure du possible, tout et tout de suite ;

---- ne rien entreprendre quelque chose sans intérêt dans l'immédiat ;

----- on est volontaire pour tel projet à condition de commander, d'avoir la meilleure place, la plus grosse part ;

----- espoir de vivre le plus longtemps possible richement et sans problème aucun.

Ce sont là comment conçoivent, dans leurs têtes, certains gens, qui laissent échapper parfois par inadvertance quelques bribes de phrases, et qui se traduisent par :

---- une grande importance accordée à leur aspect extérieur, dans la mesure du possible et les moyens de bord : vêtements neufs ; couleurs éclatantes ;

----- user d'un langage particulier en utilisant de des mots résonnants ;

----- même s'ils ne mentent pas, ils cachent tout de leurs origines ; aucune information qui a trait à leurs familles, le métier de leurs parents ; ils ne donnent pas leurs adresses exactes au premier venu ;

----- ils sont instruits ou se font passer comme tels, on n'a pas idée de leurs niveaux d'instructions, et prétendent occuper des hauts postes de responsabilité, des directeurs d'entreprises qui n'existent que dans leur imagination.

---- là où ils mettent les pieds, ils réclament un traitement de faveur, une priorité etc.

Comme crédo qu'ils répètent souvent et qui coule de leur bouche telle une eau d'une source :

----- on ne vit qu'une seule fois ;

---- après moi, le déluge......

En ce qui a trait à leur foi, ils disent êtres des croyants non pratiquants ; mais se contredisent en soutenant dur comme fer :

---- personne n'est revenu de là-bas ; s'il existe ce là- bas, bien sûr ;

---- et qui sait si là-bas je n'aurai pas une situation analogue à celle actuelle sinon meilleure ?

Les gens qui peuplent cette catégorie, on les rencontre à différents niveaux de la société : riches ou pauvres ; illettrés ou ayant un haut diplôme. Ceux ayant des moyens vivent comme dans un paradis terrestre ; ceux n'ayant pas le sou se contentent de rêver ou bien si une occasion leur est offerte pour : voler, commettre un crime, ils ne s'embarrassent pas de scrupules.

....

En opposition à cette première catégorie qu'on désigne, par exemple, par

A, vient une autre catégorie B. Un autre monde ! À des degrés différents on a la nette impression d'une espèce de délaissement du superficiel au profit de l'essentiel. Certains individus parviennent à un haut perfectionnement en matière d'éducation, de culture, ils unissent à leur comportement : un savoir être ; un savoir- faire etc.

De très bons collègues de travail, de bons voisins. Cependant, reste à les distinguer des faux jetons, et c'est là un véritable danger pour les citoyens et la société toute entière.

Chapitre : 16

Des mentalités standards existent-elles?

Tout dépend de la qualité du tissu dans lequel elles sont taillées. Résistant, ayant une certaine élasticité à même d'épouser la forme du corps quel qu'il soit et y adhérer.

Les individus où qu'ils soient, au cours de leur existence n'ont de cesse de lutter pour survivre, dans bien des cas. Ils s'adaptent à des circonstances, parfois, intenables, et usent de ruse et d'astuces pour venir à bout d'une nature capricieuse. A un moment donné, quelques-uns, peut-être, mettent sérieusement leur cerveau en marche et cherchent une sorte d'issue de secours. Ce qu'ils ont glané çà et là comme informations ne leur suffisent pas pour aller de l'avant. Dans ce cas- là ils se ressourcent auprès des autres leurs semblables. Faut-il rappeler que tout un chaqu'un, bien au début essaye d'avoir une situation au sein de la société ; avoir un poste de

travail duquel il tire subsistance ; un toit où loger ; se reproduire pour

avoir une continuité. Tous ces éléments ne constituent en fin de compte qu'une étape. En deuxième lieu, comme sur un navire navigant sur une mer houleuse, il imagine trouver une stabilité qui tient la route au moins pour quelques temps. Sachant qu'il est appelé à disparaitre un jour, le bonhomme ou femme de son état, cherche à laisser trace de son passage ici- bas. Certains gens, logés à très bonne enseigne, inscrivent tous leurs efforts à perpétuer une situation, pour laquelle d'ailleurs ils n'ont rien fait pour l'avoir mais léguée par un parent. A leurs descendants ils transmettent : une quête de sous et une rage de vivre.

…………………………………..   ……………………………………………

Tout le monde n'est pas riche ; tout le monde n'a pas les moyens pour pousser très loin des études ; tout le monde n'est pas doué pour les études non plus. On peut venir au monde dans milieu de gens croyants comme dans un autre où il n y a pas trace de religion. Il arrive aussi que pour une raison ou une autre il y a comme un délaissement de la progéniture. Certains enfants naissent à une époque de crise, les parents traversent une période de chômage ; de maladie etc. dans ce cas ils accusent un retard par rapport à ceux de leur âge. Dès les premiers contacts avec les autres le constat est fait pour mesurer un état fait dans un sens ou un autre. Toutefois, la simple prise de conscience d'un état de fait ne suffit pas et nécessite la mise en pratique d'une nouvelle vision à la lumière d'informations d'actualités. Cela demande un temps et puis, surtout éviter un fourvoiement inutile.

…………………… ………………………….. ……………..

Tenir compte des réussites des uns et des autres ne mène pas toujours loin, car tout un chacun, sa réussite traine dans son sillage un tas d'éléments. Le destin ; la chance et bien d'autres, existent, il faudrait en tenir compte afin de ne pas pleurer son sort inutilement. Une ouverture d'esprit à tout ce qui évolue sur le terrain est de mise.

Vivre la réalité quel que soit sa nature, enfin, l'acceptation de son sort apaise l'animal qui loge au sein de tout un chacun.

Chapitre : 17

Adopter une mentalité standard ce n'est pas faire de la mage ni réaliser quelque chose de vraiment extraordinaire. Cela se résume, parfois, à limiter, autant que faire se peut, les dégâts. La réussite dans tous les projets, surtout ceux dits complexes, nécessite un travail de longue haleine. D'une génération à une autre, un état d'esprit, une culture, un savoir-faire, sont transmis. Au sein d'une même famille, un seul enfant émerge du lot, parfois, porteur de graines qui germent s'il y a un travail qui s'inscrit dans la continuité.

....

Il est difficile d'accepter l'idée que rien ne vient d'une manière spontanée. Encore moins, concevoir que la grande différence entre les uns et les autres n'est pas d'ordre physique mais mental. Mort- vivant, un individu peut le devenir pour un tas de raisons :

----- fermeture sur l'extérieur ;

----- mauvaise estime de soi dans un sens ou un autre ;

---- méconnaissance de ses limites ;

---- prendre tout ce qui se dit pour de l'argent comptant sans procéder à une analyse;

------ l'inertie ;

----- culture d'idées noires ;

----- absence d'imagination ;

----- absence de foi ;

L'ignorance sous toutes ses formes ;

----- perte du bon sens etc.

....

Lorsqu'il y a contact avec autrui, il y a nécessairement, entre autres, échange d'idées. Cela permet aussi de se situer dans l'espace et dans le temps par rapport aux autres. A défaut d'avoir des discussions, aujourd'hui, plusieurs ouvertures permettent de rester en contact avec l'extérieur par l'intermédiaire de : les journaux ; la radio ; la

télé ; internet etc. que les autres nous apprécient à notre juste valeur ou bien se montrent hostiles, cela ne dérange nullement quelqu'un qui s'auto analyse après chaque problème rencontré et en même temps redémarre sur de nouvelles bases.

....

Bien au départ en prenant sa destinée en main, un individu conçoit une mentalité à l'état brut présentant des imperfections. Tel un outil, il y a nécessité de l'aiguiser, le polir, et puis l'utiliser à bon escient.

Les autres, membres de la famille, collègues de travail, voisins etc. ne sont pas toujours pour aider un individu en difficulté, s'ils ne tentent pas de tirer profit, une occasion qui ne se renouvelle pas pour certains. L'idéal serait de ne rien avaler de leurs propos sans une vérification au préalable. Nous évoluons, en effet, comme dans une jungle, en l'absence de preuves tangibles, la loi ne peut rien faire pour les individus naïfs.

....

On ne peut parler de mentalité au sens propre du terme que s'il y a action qui tend vers un but et s'inscrit dans le la durée.

Faire du sur place entretient un même décor ; les mêmes gestes routiniers ; les mêmes propos échangés. Que dire alors d'une personne cloîtrée entre quatre murs ; allant de la maison au travail et vice versa ; n'ayant en tête aucun projet d'avenir ? Sans l'ombre d'un doute, ce genre d'individu passe à côté de beaucoup de choses de la vie et cumule un retard qui va en s'accentuant avec le temps, s'il ne cultive pas des idées malsaines.

....

L'oisiveté est la mère de tous les vices. L'individu qui ne fait rien, surtout s'il est en bonne santé et a assez d'argent pour vivre convenablement, inconsciemment, parfois, il est disponible pour chercher des aventures. A défaut d'œuvrer dans un sens utile, pour son bien personnel et à la société, il se surprend en train de chercher un passe- temps. L'existence offre une panoplie de distractions qui vont du simple jeu jusqu'aux passions où s'enlisent les gens non avertis. La foi, laquelle, normalement freine sinon atténue un tant soit peu les dévergondages de l'animal en furie qui habite tout un chacun, un véritable démon, son absence réveille ce dernier pour dicter sa conduite.

…………………………………… ……………………………. ………….

Que dire d'une personne classée comme scientifique, voire de savant, et qui nie l'existence de Dieu ? C'est là une mentalité qui ressemble à un tas d'autres, avec une idée, une idée maîtresse sur laquelle on édifie un grand temple pour adorer :

---- de l'argent ;

---- untel haut placé dans la hiérarchie ;

---- une femme d'une rare beauté

---- Satan ; pourquoi pas.

Et cette conception de l'existence dure dans le temps du fait qu'elle est sans cesse alimentée par de nouvelles conquêtes de femmes, d'acquisition de biens etc. à un stade donné, on ne croit plus en rien !

……………………… ………………………………………………………..

La perte du bon sens serait la conception d'une mentalité rétrograde. Toute action entreprise vise la destruction de quelqu'un ou quelque chose. C'est là un état maladif sans lésion du cerveau mais tout simplement avoir un esprit démoniaque. On n'imagine que la préservation d'un acquis, une situation etc. un faux honneur à défendre est alors affiché et tous ceux susceptibles de le souiller sont combattus par tous les moyens possibles et imaginables. C'est là, entre autres, la mentalité d'un dictateur ; un criminel etc.

Chapitre : 18

Sauf cas rarissimes, il y a évolution ou régression des mentalités. Cela a un lien très étroit avec :

---- l'état de santé ;

---- situation financière ;

----- niveau intellectuel appelé à s'enrichir ou bien à stagner ; qui n'avance pas recule ;

----- des difficultés genre problème épineux.

La mentalité d'un individu en bonne santé, a la particularité de rassembler à une eau qui coule d'une source, par exemple. Une eau courante ne remonte jamais une pente et s'écoule du haut vers le bas ; loi naturelle. Mise dans un conteneur, elle prend la forme du récipient ; carré ; rectangulaire ; arrondi etc. de l'état liquide à l'état solide et puis gazeux, une eau garde toujours cette possibilité de prendre une forme convenable de l'espace où elle se trouve. Qu'en est-il d'un individu mis dans une situation particulière ?

Suivre la facilité n'est pas une solution et il y a risque de nuire à autrui. Pourtant, dans un élan de désespoir, une ultime tentative de se tirer d'affaire est envisagée et puis appliquée au risque et péril.

....

Cela commence généralement par une envie de satisfaire un besoin urgent. L'individu a en tête d'en finir une bonne foi pour toute d'avec une situation qui dure une éternité, juste dans sa petite tête sous l'impact d'une tension extrême. Il se met en position de prédateur qui scrute le lointain horizon en quête d'une proie facile sans déployer un grand effort. Une occasion se dessine, le rêve est plus grand que le gain à tirer, et le voilà qu'il hérisse ses poils et arbore un large sourire qui fait découvrir des dent de carnassier, prêt à bondir et à déchiqueter sa proie en mille morceaux il n'a pas le temps de réfléchir encore moins se donner la peine d'échafauder un plan d'actions.

A ce stade la mentalité se résume en une simple idée et puis sa mise en application. L'apprenti voleur, par exemple, fonce, l'arme au poing sur un fourgon blindé qui achemine de l'argent à la banque du coin. Il place tout son espoir sur la chance qui ne lui a pas souri jusqu'au jour d'aujourd'hui ! Les convoyeurs de fonds qui n'ont jamais été attaqués depuis de lustres ont l'arme comme rouillée et la gâchette pas trop facile. Néanmoins, ils réagissent quand même sans trop d'efficacité.

Jusqu'à la dernière minute, où il sent avoir agi trop à la légère, il vise et appuie sur la détente. Un élément de la sécurité trouve la mort, son collègue est blessé. Lui, le voleur, s'enfuit avec le butin à bord d'un véhicule qu'il abandonne juste après un virage, le moteur en marche. Du jour au lendemain, le simple citoyen sans histoire, une fourmi dans une fourmilière sort de l'anonymat pour mettre l'habit d'un casseur de banques !

…………………………………….. …………………………… ……….

Avec un masque qui recouvre son visage, celui qui a fait le coup du fourgon blindé de la banque, un véhicule sans plaque d'immatriculation n'a pas été reconnu, et l'enquête pour découvrir l'auteur et l'arrêter suit son cours. Un inspecteur qui a fait ses preuves dans ce genre d'affaires est désigné, il n y va pas de main morte au risque de ternir son image de marque. L'apprenti voleur est au début de sa carrière et par voie de conséquence il entame le développement d'une mentalité de personne qui va vivre en marge de la société. Le policier, lui, son travail il le connait sur le bout des doigts, pour avoir suivi une formation très poussée à même d'avoir quelques idées éparses sur le banditisme, vols agressions etc. la mentalité de l'officier de police est faite depuis longtemps. Chaque nouvelle affaire à résoudre apporte une autre vision sur le monde du crime et cumule une expérience de plusieurs années. A un moment de cette histoire, le policier se fait une idée précise sur le voleur et criminel. Ce dernier le voit venir, il passe par différentes étapes et développe des mentalités en anneaux de chaine laquelle ne s'arrête qu'avec sa mise hors d'état de nuire. Le comportement du voleur n'a d'autre qualificatif que mentalité de circonstance, il se met en situation qui ne lui offre aucune chance de sortir d'affaire qu'en devenant plus méchant ; plus agressif, ne reculant devant rien. Bien au départ, à bien regarder les choses, son problème aurait pu être résolu d'une manière ou une autre, par la patience, s'il n'a pas eu une idée noire, la facilité….

Conclusion

Avant d'avoir une mentalité propre à soi, on a déjà fait un bon bout de chemin en usant de celle de ses parents ou tuteur ; celle de ceux qui peuplent notre voisinage itou. A partir d'une ou plusieurs idées qui se succèdent les unes aux autres dans la continuité pour un même but, il y a comme une mise en place au sein du cerveau d'une sorte de projet lequel transparait à travers un comportement et une conduite à tenir, une attitude à observer, genre réaction à avoir face aux choses de la vie, opérations à faire, problèmes de tout genre.

Sensibles, nous le sommes tous, plus ou moins. Nous réagissons d'une manière ou une autre, réfléchie ou entièrement désordonnée ; gestes de désespoir.

Il nous arrive d'être mis dans des situations difficiles qui nécessitent un temps de réflexion, l'élaboration de tout un programme d'actions. Cela foire, on ne désarme pas et on rectifie le tir, on revient à la charge jusqu'à l'obtention d'une satisfaction.

....

Aussi vaste qu'est l'imagination d'un individu, sa mentalité lui emboite le pas. Seulement, cela prend, parfois, beaucoup de temps, du fait qu'à la lumière d'une idée nouvelle tout un édifice est construit sur les ruines d'un autre devenu obsolète sinon construire un nouvel étage qui s'inscrit dans la continuité.

Marqué par un événement heureux ou malheureux, on peut rester longtemps en proie à une euphorie ou sous le choc pour avoir essuyé un échec. Dans les deux cas de figure, il y a comme un arrêt involontaire pour un changement quelconque du cours de l'existence.

Un stop et un arrêt volontaire pour une durée indéterminée pour tout développement de mentalité nouvelle est ce qu'il y a de plus naturel, s'il y a toujours une possibilité d'un redémarrage sur de bases nouvelles vers ce qu'il y a de mieux à faire ; ne plus redémarrer équivaut à une mort lente.

…………………………… …………………………….. ………………

Personnalité d'un individu ; son caractère ; sa nature-même etc. ne sont en fait qu'un côté d'une mentalité et que ce dernier laisse entrevoir à travers des manifestations d'humeur ; une prise de décision etc.

On a l'impression qu'untel a toujours été comme ça et que jamais il ne changera. Il arrive pourtant que des phénomènes se produisent. Un travail en sous terrain tel un petit feu qui prend sous un énorme tas de foin. Bien au début, on ne voit qu'une fumée presque imperceptible et qui a tendance à s'intensifier. Lorsque les flammes commencent à ronger sérieusement le tas de foin, le décor change complètement. Il y va de même en ce qui concerne les mentalités.

Fin

Table des matières

Le génie del'instrument 1
Chapitre : 01 1
Chapitre : 02 2
Chapitre : 03 3
Chapitre : 04 4
Chapitre : 05 5
Chapitre : 06 6
Chapitre : 07 7
Chapitre : 08 8
Chapitre : 09 9
Chapitre : 10 10
Chapitre : 11 11
Chapitre : 12 12
Chapitre : 13 13
Chapitre : 14 15
Chapitre : 15 16
Chapitre : 16 17
Chapitre : 17 18
Chapitre : 18 19
Chapitre : 19 20
Chapitre : 20 21
Chapitre : 21 22
Chapitre : 22 23
Chapitre : 23 24
Chapitre : 24 25
Chapitre : 25 26
Chapitre : 26 28
Chapitre : 27 29
Chapitre : 28 30
Chapitre : 29 31
Chapitre : 30 32
Chapitre : 31 33
Chapitre : 32 35
Chapitre : 33 36

Les mentalités 37
Avant-propos : 37
Introduction 38
Chapitre : 01 39
Chapitre : 02 41
Chapitre : 03 42

Chapitre : 04 43
Chapitre : 05 44
Chapitre : 06 45
Chapitre : 07 47
Chapitre : 08 49
Chapitre : 09 51
Chapitre : 10 53
Chapitre : 11 55
Chapitre : 12 56
Chapitre : 13 57
Chapitre : 14 59
Chapitre : 15 61
Chapitre : 16 64
Chapitre : 17 66
Chapitre : 18 69
Conclusion 71

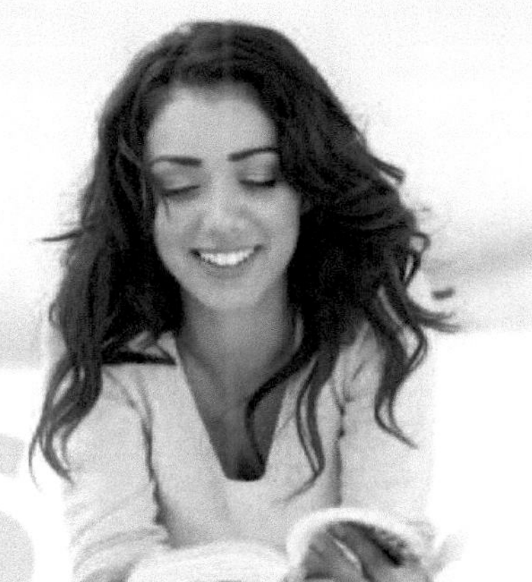

yes

I want morebooks!

Buy your books fast and straightforward online - at one of world's fastest growing online book stores! Environmentally sound due to Print-on-Demand technologies.

Buy your books online at
www.morebooks.shop

Achetez vos livres en ligne, vite et bien, sur l'une des librairies en ligne les plus performantes au monde!
En protégeant nos ressources et notre environnement grâce à l'impression à la demande.

La librairie en ligne pour acheter plus vite
www.morebooks.shop

KS OmniScriptum Publishing
Brivibas gatve 197
LV-1039 Riga, Latvia
Telefax: +371 686 204 55

info@omniscriptum.com
www.omniscriptum.com

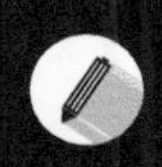

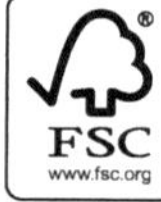

MIX
Papier aus verantwortungsvollen Quellen
Paper from responsible sources
FSC® C105338

Printed by Books on Demand GmbH, Norderstedt / Germany